내 삶에 다가온, 가장 아름다운 라틴어 문장 세 가지

메멘토 모리Memento Mori
- 죽음을 기억하라
아모르 파티Amor Fati
- 운명을 사랑하라
카르페 디엠Carpe Diem
- 이 순간을 잡아라

Iermann Hesse

그리고 덧붙이는 말, 한 가지

삶의 끝에 죽음이 오는 것이 아니라 죽음이 올 때까지만
사는 것입니다. 오직 일회적인 시간으로.
까마득히 머언 우주의 시간에서 찰나적 순간 은총처럼 찾아온
삶의 시간으로 그리고 다시 사라질 우주의 머나먼 어둔 시간으로,
섬광같이 그렇게 우리는 삽니다. 시인의 말처럼
'살아 있다는 건 참 아슬아슬하게 아름다운 일'(최승자)입니다.

스무 살, 그리고 우리 모두,
나를 위해 미리 읽는 작은 인문학

알고 보니

나의 욕망은

남의 욕망이었습니다

스무 살, 그리고 우리 모두,

나를 위해 미리 읽는 작은 인문학

알고 보니
나의 욕망은
남의 욕망이었습니다

이음
Link

이 책을 읽는 독자들을 위하여
머리글을 대신하여

단순화의 오류를 무릅쓰고 이 책에 있는
제 생각을 앞서 조금 드러내자면

첫째, 철학의 지혜는
'나를 안다는 것'이 소중하다는 것을 배우는 것
'나를 안다는 것'이 나에게는 최종의 지식임을
깨닫는 것

둘째, 문학의 지혜는
'사랑하고 사랑받는 것'이 삶의 행복과 의미와 가치를
실현하는 유일한 힘임을 아는 것
'먼저 나 자신과 화해하고, 나 자신을 사랑하고,
나 자신에게 사랑받는 것'이
모든 사랑의 출발점임을 깨닫는 것

셋째, 역사와 세상에 대한 지혜는
나의 바람이나 나의 존재와 상관없이
역사는 '역사의 맘대로', 세상은 '세상의 뜻대로'
흐르고 있다는 것을 받아들이는 것
나의 존재는 역사와 세상이라는 '무심한' 바다 위를
떠도는 한 마리 이름 없는 새와 같다는 것을,
그토록 무심한 역사와 세상 속에 나는 살아야 한다는
것을, 인식하는 것
그토록 무심한 역사와 세상을 떠나서 내가 살 곳은
또한 없다는 것을 깨닫는 것
그럼에도 불구하고 사는 동안 내가 해야 할
'책임질 내 몫'은 따로 있다는 것을, 깊이 깨닫는 것

넷째, 철학과 문학과 역사를 통섭하는, 인문의 지혜는
'나 자신을 스스로 귀하게 대접하는 태도와 마음'을
키우고 연습하고 훈련하는 것
'나는 짐승이 아니라 인간이다'라는 사실을 배우고
인정하는 것
'나는 인간이기에, 인간과 관련된 일들은 다 나와
관계있다'는 점을 깨닫는 것

이라는 주장입니다.

평범하고 게으른 '궁리질 인간'에 불과한 제가
무슨 현자의 말투를 흉내 내듯, 건방을 떤다면
우리가 깨닫고 배워야 할 마지막 인문의 지혜는
다음과 같다고 말씀드리고 싶습니다.

"나에 대한 나의 예의와 의무는,
 내가 나를 응원하고 사랑하는 것뿐이다"라고요

주자朱子는 정이천程伊川의 말을 빌려,
책을 읽은 후에도 읽기 전과 마찬가지의 사람이라면,
그는 책을 읽지 않은 것과 같다고 했지요.
이 책이 그런 수준의 내용을 갖춘 책이라고는
차마 기대조차 할 수 없겠지만,
적어도 저로선 이 책을 읽은 후, 우리 모두가
한 뼘이라도 깊어지고 높아진
'삶의 깊이'와 '행복의 높이'를
스스로 확인할 수 있게 된다면, 참, 좋겠다,
하는 희망을 품는 것만큼은
포기하기 싫습니다.

차례

세상의 그 어떤 사기꾼도
자기 자신을 속이는 사기꾼에 비하면
아무것도 아니다.

– 찰스 디킨스

있는 그대로의 나를 타인에게 내보이는 것
숨김없이 자신을 드러내는 것
자기 생각과 감정을 그대로 표출하는 것은
차라리 어렵지 않다.
어려운 일은, 자기 자신에게 거짓이 없는 것이다.

– 프리드리히 니체

1

///////////////

최고의 사기꾼

금단의 열매이며 지혜의 과실인 선악과를 따먹은
아담과 이브가 나뭇잎으로 몸을 가리고,
'야훼' 신의 부름에도 자못 못 들은 체 숨어 있었던
히브리 민족 구약성경 창세기의 이야기는
누구나 알고들 있지요.

'뱀이 시켜 할 수 없이 따먹었다'는
변명을 넘어, 스스로를 향해서
'이 모든 일에 나는 관여 안 했어, 나는 책임이 없어'라고
말하는 '자기 기만'은,
약 30만여 년 전 호모사피엔스 이래
인류의 문명만큼이나
오랜 세월을 거쳐 단련되었습니다.

우리에게 인류의 '자기 기만'은 하도 오래되어
마치 피할 수 없는 운명처럼 보입니다.*
그것이 우리를 슬프게 합니다.
그것이 우리 자신을 행복과 의미로부터
스스로 멀어지게 하기 때문입니다.

무엇보다 '나 자신으로 살기'가 절실한 만큼이나
또한 그것이 얼마나 어려운 일인가를
생각하기 때문입니다.

*

니체는 "지구는 피부병을 앓고 있다. 그 피부병 중 가장
심한 피부병은 인간이란 이름의 피부병이다"라고 하여
'자기 기만'의 늪에 빠져 있는 인간에 대한 역설적인 혐
오를 보여주기도 했지요.

선악과를 따먹었다는 것은 자기 변명과 자기 합리화의
거짓말이 가능한 '자기 기만'의 지식을 인간이 갖게 되었
다는 것이지요. 끝없이 거짓말을 늘어놓으면서 인간이
란 원래가 거짓말을 하게끔 태어난 존재이니까 "내가 거
짓말을 하는 것은, '거짓말쟁이라는 인간의 운명에 알맞
은 말' 즉 참 말을 하는 것이다"라고. 그러니까 본질적으

로 '인간에게 있어 거짓말은 바로 참 말이다'라는 교활한 주장을 펼치는 지식을 우리는 항상 준비하고 있지요.

예컨대 자신만의 이익을 자신의 이익이 아닌 모두의 보편적 이익이라고 주장하는 것이나 자신이 속한 '자기 진영, 자기 집단, 자기 계급, 자기 인종'의 이기주의가 다른 사람의 이기주의를 인정하지 않고서도 국가 공동체나 인류 공동체의 보편성이라고 주장하는 말은 너무나 오래, 너무나 흔히 보는 '타자를 향한 것이면서 동시에 자신을 향한' 자연스러운 거짓말이어서 꼭 참 말처럼 들리기조차 하지요.

왜 그렇게 술을 달고 사느냐고 묻는 어린 왕자의 질문에 자신이 주정뱅이라는 부끄러움을 '잊기 위해서'라고 대답한 세 번째 혹성의 술주정뱅이처럼, 언제나 정신병자가 '나는 정신병자가 아니다'라고 떠드는 것처럼, 우리 모두는 습관화된 '자기 기만'의 삶을 살고 있지요.

나의 생은 미친 듯이 사랑을 찾아 헤매었으나
단 한 번도 스스로를 사랑하지 않았노라.

– 기형도

댈러웨이 부인은
꽃은 자기가 스스로 사겠다고 말했다.

– 버지니아 울프

2

나는 한 번도 스스로를 사랑하지 않았다

가까운 사람들의 사랑과 신뢰를 잃어버린다는 것은
내 삶의 절반이 이미 '불행과 실패의 강'으로
건너갔다는 것을 뜻합니다.
하지만 스스로에 대한 자신의 사랑을 잃어버린다는 것은
내 삶의 모두가 온전히 '불행과 실패의 강'으로
빠져들었다는 것을 의미합니다.

아무도 나를 나만큼 사랑할 수 없습니다.
어느 누구라도 나를 나만큼 사랑하는 것은,
―'타자'가 '나'가 아니므로―'불가능'합니다.
미우나 고우나 내가 나를 사랑해야 합니다.
미우나 고우나 나는 나의 삶을 정신 차리고
꼭 붙들어야 합니다.

도무지 잊혀지지 않는 옛 흑백영화의 장면들이
겹쳐서 떠오릅니다.
6·25 한국전쟁 후, 수없이 많은 고아원에 남겨진
아이들이 마지막 작별의 순간,
엄마 손을 잡고 놓치지 않으려 발버둥 치다
뿌리치는 엄마의 흘러내린 치마끈을 꼭 붙들고 매달리며,
눈물 콧물 범벅으로 어떻게든 헤어지지 않기 위해
목이 터져라 '엄마야 엄마야'
안타까이 부르짖던 그런 장면!

그렇습니다. 그처럼 나는 나의 삶을 꼭 잡고,
설령 삶이 나를 배반하고 뿌리치더라도
삶을 놓치지 않고 내 삶을 내가 지켜야 합니다.
간절하게 또 간절하게.

적어도 오늘만큼은 나 자신을 위해
나 스스로 꽃을 사야 합니다.
그런 마음으로 스스로를 대접하며
하루하루를 살아냈으면 좋겠습니다.
운명이 허락한 자신의 온 생을,
스스로에게 꽃을 바치는 마음으로
살았으면 좋겠습니다.

온 생을 행복을 찾아 떠돌다
마침내 행복은 내가 버리고 떠난 바로 내 집,
바로 내 안에 있음을 깨달은
동화 '파랑새'의 주인공처럼, 후회와 뉘우침 속에
나의 삶이 한참이나 시간의 강 속으로 떠내려간 후에야
'너무 늦게' 그 깨달음이 찾아오지 않도록,

오늘, 당장 나를 위해,
활짝 핀 봄꽃 한 다발 사러 '동네 꽃집'들로
달려가시길 바랍니다.

'고진감래苦盡甘來(괴로움이 다하면 즐거움이 온다)'라고 하
지만 슬픔이나 고통 그리고 불행에 대한 스스로의
자신감을 과신해선 안 됩니다.
"얼마든지 견딜 수 있다. 오라, 슬픔이여.
오라, 고통이여. 오라, 불행이여"라고
함부로 말하는 것은 정말 바보 같은 자기 최면입니다.

열심히 해도 되는 일이 없는 나에게
노력하면 언젠가는 반드시 되는 법이니 더욱더
분발하라고 다그치는 부모나 선배가 있다면,
미안하지만 잠시라도 그분들과
멀리 떨어져 지내도록 하세요.

아무리 그 말이 옳더라도 분명히 말하세요
"이제 더는 열심히 살고 싶지 않다"고.

"이제 그만 노력하고 싶고
이제 그만 애쓰고 싶고
이제 그만 착하고 싶다"고 바락바락 소리치세요.

세상의 끝에 홀로 버려졌다 느끼는 한 젊은이가
남긴 말에 이런 것이 있어요.
"엄마, 난, 되고 싶은 게 없어.
난, 아무것도 안 하고
잠만 잤으면 좋겠어
그냥, 눈물이 나…".*

고통의 끝에 기쁨이 올 때도 물론 있지만
보다 많은 경우 고통의 끝에 기다리는 것은
또 다른 고통과 여전한 피로입니다.
언젠가는 기쁨이 오리라는 막연한 희망 고문에 지쳐
모든 것에 건조해지고 무감각해지는
'에너지의 탕진'만이
우리들 대부분이 겪는 삶의 현실이 아닐까를,
아프게 생각해봐야 합니다.

불행을 견디는 견인주의자의 자신감이
행복을 만드는 능력을 키워주지 않습니다.
불행의 서사를 많이 가진 문화나 삶은
행복을 만드는 데 서툴 뿐만 아니라 무능합니다.
그래서 어떻게든 기쁠 수 있을 때 기뻐해야 합니다.
어떻게든 행복이 찾아왔을 때
그 행복을 놓치지 않고 꼬옥 붙잡아야 합니다.
작은 기쁨을 소중히 여겨야 합니다.
하루의 행복이 매일매일 이어질 수 있도록,
작은 행복도 기적처럼 귀하게 가꾸고 키워가야 합니다.

이제 옛 로마인의 교훈을 따라 스스로에게 말하세요.
'카르페 디엠Carpe Diem(지금 이 순간을 잡아라)'
이라고.

봄입니다. 다시 한번 누구도 아닌 나 자신을 위해,
오늘 아름다운 꽃 한 다발 선물하시길 간절히 바랍니다.

* 설은아 엮음, 『세상의 끝과 부재중 통화』, 수오서재, 2022.

성공과 행복은 다른 것이니까요.

– 비욘 나티코 린네블라드

3

///////////////////////

First One이 아닌 Only One을 선택하세요

살면서, 최선을 다한 노력 끝에
치열한 경쟁을 뚫고 마침내 얻은 성공이
뜻밖에 행복을 약속하지 않는다는 사실은
많은 성공한 사람들의 증언으로
또 실제로 성공한 꽤 많은 이들이 겪는
우울증과 자살의 유혹으로 증명된 것입니다.

그 핵심적 이유는
성공이 주로 타자에게 인정받음으로써
얻어지는 반면에,
행복은 대부분 '주체―나 자신'에게
인정받고 사랑받음으로써 얻어지기 때문입니다.

많은 경우 성공은 억지로 굴욕을 참으면서

하기 싫은 일을 감내하면서 그 대가로 이루어지만
행복은 내가 하고 싶어서,
때로 힘든 어려움도 기쁘게 견디면서
무엇보다 스스로에게 당당하게 수행하는 가운데
순간순간 찾아오는 충만한 감정이기 때문입니다.

성공은 우울증을 동반하지만
행복은 자신에 대한 사랑과 긍정의
자부심으로 이어집니다.

성공은 성공한 만큼 때로
자신으로부터 멀리 떨어져 사는 것이지만
행복은 무엇보다 먼저
가장 가까이 있는 자신과의 화해와 사랑입니다.

성공은 끊임없이 타자의 지지,
타자의 부러움을 요구하며
수많은 박수 부대를 필요로 합니다.
하지만 행복은 자기 자신에 대한 화해와 사랑으로
자연스레 이웃과 자연에로 화해와 사랑을 열게 됩니다.

그리하여 먼저 자신에게 베푼 환대의 식탁을
이웃과 자연을 향해

'언제, 어디서나 활짝 문을 열고'
기꺼이 차리고 함께 즐깁니다.

이어령 선생은 말합니다.
행복하고 싶은가?
그렇다면
"피 흘리는 적대적 경쟁 속,
First One 1등이 되려 하지 말고
공감과 자기 긍정의
Only One 하나뿐인 나가 되기를 선택하라"
라고요.

인간은 타인의 욕망을 욕망하는 존재이다.

\- 라캉

인간이 하는 모든 일에서 가장 신경 쓰는 일은
다른 사람의 생각이다.
인간의 걱정과 두려움의 절반은
타인의 생각에서 비롯된다.

\- 쇼펜하우어

타인, 그것은 지옥이다.

\- 사르트르

4

//////////////

알고 보니 나의 욕망은 남의 욕망이었습니다

약간의 말장난 같은 난해한 말로,
지젝은 이렇게 말합니다.

"주체는 텅 비어 있다.
텅 빈 주체는 빈자리를 욕망으로 채우려 한다.
욕망은 언제나 그 무엇에 대한 욕망이다.
'무엇에 대한 욕망'인 욕망은
무엇을 보여주고 지시하는 환상을 통해서만
욕망하는 법을 배운다.
언제나 욕망하는 주체는 환상을 통해서만 형성된다."

우리가 무엇이라고 부르는 것,
이른바 현실이라 부르는 것은 실재가 아닙니다.
라캉을 따라 지젝은, 실재하는 현실은

언어에 의한 상징계와
이미지들에 의한 상상계로 만들어진
환상일 뿐이라고 합니다.
마치 영화 〈매트릭스〉에서 우리가 본 것처럼 말이지요,

지젝에 의하면 현실이 환상이고 환상이 현실입니다.
삶이란 다름 아닌 욕망인데, 그 욕망이 바로 환상을
통해서 만들어지기 때문입니다.
그런데 문제는, 이때의 환상이 지젝이 '대타자'라 부른
바로 남의 환상이란 점입니다.
지배자나 지도자, 팬이나 군중 같은
크고 힘세고 멋있는 남들의 환상이
나의 욕망을 만듭니다.
나의 욕망은 남의 욕망입니다.

욕망이 분명 내 욕망인데 사실은,
내 욕망이 아니라는 겁니다.
다른 사람의 욕망을 내 욕망으로
착각하고들 산다는 것이지요.
그 점이 우리를 슬프고 힘들게 합니다.

우리는 너무 많이, 남들에게 잘 보이고
남들에게 인정받기 위해서 살고 있습니다.

남들에게 그럴듯하게 보이기 위해
남들에게 인정받기 위해
남들이 좋아하고 부러워하는 것을 얻기 위해
남들이 평가하는 높은 자리에 오르기 위해
벽에는 온통 '좋은 말씀'으로 도배하고
밤낮을 가리지 않는 '끝없는 노동'으로
스스로를 옥죄는 그런 '기쁨 없는 의무'의 삶을,
스스로 올바르고 윤리적이라고 억지로 설득하며
사는 경우는 흔한 풍경일 뿐입니다.

그래서 우리는 회사 욕, 상사 욕, 학교 욕, 선배 욕, 친구 욕,
나아가 부모 욕까지, 때때로 자기 자신도 모르는 사이,
"타인, 그것은 지옥이다"라고,
오래 묵은 가래침 뱉어내듯 숱한 욕지거리를
내뱉는 것은 아닐까요?
너무 힘들고, 뭔지 모르지만 너무 억울하고,
아무튼 왠지 불행하니까요.

그런 불행의 느낌이,
'타인의 행복은 나의 슬픔이고,
타인의 불행은 나의 기쁨'이 되는
질투와 시기의 감정으로 차곡차곡 내 안에 쌓이고,
마침내 나와 다른, 나와 경쟁하는 타인에 대한

미움과 혐오와 증오의 감정으로 발전되고
그 미움과 혐오와 증오의 감정을
도덕적으로 정당화하는 데까지 나아가지요.

"내 생각과 다른 놈은 나쁜 놈뿐이다.
나쁜 놈은 지옥으로 보내야 한다"
라는 생각을 아무렇지도 않게 당연한 듯
말하는 지경까지 나아가게 되는 거지요.

그래서 우리는 물어야 합니다.
"나는, 언제나 되어야
나 스스로가 만들어 나 자신에게 뒤집어 씌운
자기 기만의 가면을 벗어던질 수 있을까" 하고.**

그래서 우리는 스스로에게 물어야 합니다.
어떻게 해야
남이 인정해주는 내 삶이 아니라
나 자신이 인정하는 내 삶을 살 수 있는지를.

그래서 우리는 일단,
남이 만든 환상을 따라 남의 인정을 받기 위해
내가 받아들인, 내 삶에 부여된
가짜 의무와 책임을 거부해야 합니다.

내 삶에 부여된 의무와 책임이 진짜인지 가짜인지
물어보는 연습을 해야 합니다.
그리고 그것이 가짜라면
용기 있게 거부하는 훈련을
반복해서 해야 합니다.
숭고한 의무라는 도덕의 이름표로 장식한
인내의 무거운 겨울코트를,
이제는 훌훌 벗어 던져야 합니다.
정말 그 지긋지긋한 남의 눈치를,
이제는 더 이상 보지 않아야 합니다.*

*
지금 내 형편이 눈치 보지 않고는
생존조차 여의찮은 상황이라면,
당연히 생존을 위한 '눈치 보기' 정도는
의연하게 참을 수 있어야 합니다.
다만 계산을 정확히 해야 합니다.
내 영혼을 대가 없이 팔아치워서는 안 됩니다.
적어도 손익계산서 정도는 짜놓고 있어야 합니다.

남의 욕망을, 그가 힘 좋고 돈 많고 멋지고 아무리
'지성과 교양으로 무장한' 성공한 사람이라도,

부럽더라도 그의 욕망을 내 욕망으로
착각해선 안 됩니다.
성공한 타자는 언제나 자신의 이익을 위해,
자신의 이익이 나의 이익이 된다고
그들의 길고 긴 가방끈으로 설교하고 가르치는 것을
멈추지 않습니다.

그렇습니다. 그래서 참으로 오랜 시간 속아주었습니다.
힘세고 멋진 그의 욕망이 나의 욕망이라고
순진하게 속아줬습니다.
그러나, 이젠, 더 이상 그렇게 해선 안 됩니다.
그의 욕망이 나의 욕망이라고 그의 뜻대로
적당히 눈치 보며 속아주는 것이
때때로 나의 이익이 되는 경우가 있더라도,
그렇더라도 그냥 바보처럼 순진하게
속아 넘어가선 안 됩니다.
적어도 대가는 제대로 받고 속아줘야 합니다.

그러면 우리는, 거부할 수만 있다면,
이제 우리는 남이 아닌 나 스스로가
내 삶에 부여한 진짜 책임을,
나를 위해 즐겁게 받아들일 것입니다.

남이 시킨 의무란 이름의 인내력 시험장이 아닌
내가 나를 위해 만든 축제의 놀이터에서,
남의 꿈과 환상이 아닌
내가 만든 꿈과 환상 속에서 활짝 웃으며
나의 행복을 위해 기쁨의 땀을 흘릴 것입니다.

정말이지,
우리 모두는 남을 위해서가 아니라
나를 위해서 내 삶을 살라고 태어났으니까요.
나는 남의 삶이 아닌 내 삶을 살라고 태어났으니까요.

정말이지,
우리 모두는 불행하기 위해 태어난 것이 아니라
행복하기 위해 태어났으니까요.
남을 위해서가 아닌 나를 위해,
내 삶이 행복하기 위해 태어났으니까요.

이제 더 이상
남의 욕망을 나의 욕망으로 착각하진 마세요.
남의 눈치도 제발, 그만 보세요.

이제 더 이상
내 삶을, 남의 욕망을 위한 인내와 의무의
재미없는 일터로 만들지 마세요.

이제는 내 삶을
나의 욕망을 위한 기쁨과 행복의
재미있는 축제로 만들어, 웃고 떠들며 즐겨요.

이제는 비로소
나의 욕망을 위해, 남의 눈치 보지 말고
오로지 나를 위해, 한 번 제대로 살아봐요.

＊＊

프랑스령 마르티니크 출신의 정신과 의사 프란츠 파농
은 스스로가 '내 안에 숨어 있는 백인이 되고 싶은 욕망'
의 노예가 되어, 흑인임을 부정하고 마치 백인인 양 행
동하고 생각하는 자기 자신을 발견하곤 깜짝 놀랐지요.
그것이 얼마나 흑인인 자기를 분열시키고 불행에 빠트
리고 있는지를 순간 깨달은 거지요.

프랑스 유학을 마친 엘리트 지식인으로 '백인이 되고 싶
어 안달복달하는 흑인'이 바로 다름 아닌 자신임을 깨닫
고 쓴 그 유명한 책 『검은 피부, 흰 가면』은 자신의 검은
피부가 창피해서 어떻게든 하얀 얼굴을 만들려 갖은 애
를 쓰다, 검은 피부 그 밑에 혹시 흰 피부가 있을까 생각
하여 스스로 자신의 얼굴 피부를 벗겨내던 중 사망에까
지 이르는 아프리카 소녀들의 참혹한 현실 앞에 바쳐진

책이기도 하지요.

1960, 1970년대 미국 흑인 인권운동의 대표적 구호가 'black is beautiful'이었다는 사실은 돌이켜 보면 시사하는 바가 크지요. 오직 문학만을 사랑하다 이른 나이에 세상을 뜬 '섬세한 공감의 평론가' 김현 선생의 '새것 콤플렉스, 향 서구 콤플렉스' 또한 우리들 내면의 궁핍한 정신적 성향─우리 자신에 대한 스스로의 경멸과 일본과 서양에 대한 자발적 식민지화─을 아프게 드러낸 말이기도 했지요.

그래서 몇 년 전 많은 사람들이 즐겨 읽었던 『미움 받을 용기』 같은 '아들러 심리학'에 대한 폭발적인 대중적 관심은 우리 내면의 가짜 욕망에 대한 모처럼의 각성 증표처럼 보이는, 작지만 의미있는 '문화적 사건'이라 생각되지요. '내가 나로 사는 것'이 뜻밖에 어려운 것임을 깨닫는 것, 그럼에도 불구하고 내가 남의 욕망을 내 것이라 착각하고 산다는 게 나 자신을 얼마나 수치스럽게 만들었는지를 사실 우리 모두 느꼈던 것이지요.
이젠 더는 남의 욕망대로, 남의 꼭두각시로는 살지 않겠다는 결의를 우리 스스로에게 보내는, 나름의 시대적 신호였던 것입니다.

부처를 만나면 부처를 죽여라.

- 임제臨濟

소리에 놀라지 않는 사자와 같이
그물에 걸리지 않는 바람과 같이
진흙에 물들지 않는 연꽃과 같이
무소의 뿔처럼 혼자서 가라.

- 붓다

5

'나의 길'을 가지 말고 '너 자신의 길'을 가라

가슴 저린 드라마, 이제는 더 이상 볼 수 없는
배우 이선균과 아이유의 명연기가 빛나는
〈나의 아저씨〉 중에서, 여주인공 아이유가
조그만 몸을 달팽이처럼 웅크린 채 육교에 기대어
처절하게 목놓아 울음을 터트릴 때 그 배경 음악으론
이런 노래가 크레센도로 울려 퍼지지요.

"나는 내가 되고, 별은 영원히 빛나고… 바보 같은 나는,
내가 될 수 없단 걸…."

그래요 바로 이 〈나의 아저씨〉의 가사처럼,
이제는 정말로 깨달아야 합니다.
'나는 내가 된다는 것'
그것이 별처럼 반짝이는

아름다움이고 의미이고 가치이고
기쁨이고 행복이라는 것,
그런 사실을 내가 바보인 한, 알 리 없고
내가, 바보여서는 결코 나는
내가 될 수 없다는 걸 말이지요.

세상의 모든 현자들이 공통적으로 얘기하는 것은
이 말 한마디에요.
"너는 '나의 길'을 가지 말고 '너 자신의 길'을 가라
남의 삶을 살지 않고, 나의 삶을 사는 것,
이것이 바로 삶의 비밀이다"라고요.

시인 이성복도 '중요한 것은 자기 안에 있는
스승을 찾아 따라가는 것'이라 했지요.
우리 모두는 남이 켜준 등불이 아니라
결국은 내가 밝힌 등불로만
나를 안내할 수 있는 것이지요.

더불어 가는 어떤 인생길도 마침내는
더불어가 아닌 혼자서만 갈 수 있고
혼자서만 가야 하는 길이기에
우리는 스스로를 '애틋하게' 사랑하며
씩씩하게 '내가 되는 나의 길'을 가야 하는 것이지요.

그 길엔 불투명한 자기애와 자기 집착에 물든
숱한 허위의식의 돌부리들도 '넘어져라' 숨어 있지만
스스로를 잘 지키려는 자존과 자긍의 아름다운 꽃들도
함초롱 수줍은 듯 '반가워라' 피어 있지요.

우리 모두는
가끔은 남들이 만들어놓은 길을 따라
그 길을 밟고 가기도 하지만
이미 길이 있어 그 길을 따라 내가 된 것은 아닙니다.
그 길이 있더라도 그 길은 오로지 참고사항일 뿐
결국은 한 걸음 한 걸음, 나 홀로 뚜벅뚜벅 걸어가서
마침내 길이 된 그것.

누구의 등불도 아닌 오직 내 안의 등불을 따라
내가 간 나의 길,
그것이 나의 인생길이지요.

사람이 길을 넓히는 것이지
길이 사람을 넓히는 것이 아니다.

人能弘道 非道弘人

(인능홍도 비도홍인)

- 공자孔子

6

책 속에는 길이 없다

책 속에 길이 있다고들 하지만
책 속에는 길이 없습니다.
마치 삶에 길이 없는 것처럼.
쓰인 책 속의 정답이 삶의 정답이 아니듯
주어진 삶 속의 정해진 길이 내 길은 아닙니다.

물론 이 정도의 깨우침도 상당 부분,
부지런히 책을 읽은 덕분에 도달한 것일 수도 있기는
하지요. 하긴 책 속에 길이 없다는 것도
책 속에서 책을 읽다 발견한 생각이고
깨달음일 수 있어요. 하지만 분명한 것은,
삶의 길은, 살면서 하나둘 겨우겨우
내가 겪은 숱한 경험 끝, 그 상처와 기쁨으로
'내가 찾아낸 길'입니다.

누가 가르쳐준 길이 아니라
누구도 가르쳐주지 못한 길입니다.
그 길에 가끔씩 '볼 만한 책, 읽을 만한 참고사항'이
놓여 있는 것이지요.

날 때부터 책 속에 둘러싸여 자라 오직 책을 통해서만
삶과 세상을 바라보았던 사르트르가
책이 무너진 자리에서,
책과 관계없이 있는 삶을 보고 세상을 비로소 만난
놀라움의 고백은 시사하는 바가 큽니다.

"길이라 할 수 있으면 길이 아니고
이름이라 할 수 있다면 이름이 아니다.
(道可道非常道 名可名非常名 도가도비상도 명가명비상명)"
라 한 노자老子의 말씀도, 그 철학적 깊이와 상관없이
삶은 '날것 그대로'의 삶을 살아야 한다는
의미를 함축하지요.

책은 말합니다
"책 속에 답이 있는 게 아니고,
답은 네가 찾는 그 속에 있다"고.

그렇습니다.

길이 사람을 넓히는 것이 아니라,
사람이, 바로, 내가 길을 넓히는 것입니다.

이 땅의 인문주의 철학자 김우창 선생이
평소 자주 하시던 말을 전하고 싶습니다.

"우리가 배우는 것은 정답을 배우는 것이 아니라
질문하는 방식을 배우는 것이다.
가르치는 것 또한 정답을 가르치는 것이 아니라
질문하는 태도와 방법을 가르치는 것이다"
라고요.

너무나 당연한 말,

그러나 가끔은 잊고 있는 말 한 가지.

7

///////////////

슬픔은 기쁨의 보증수표

"빛이 있다는 말은 어딘가에
그림자가 있다는 말입니다.
밝음이 있다는 말은
어딘가에 어둠이 있다는 말입니다.

어둠이 있다는 말은, 그래,
어딘가에 밝은 빛이 있다는 말입니다.*

기쁨이 있다는 말이 어딘가에 슬픔이 있다는 말이듯
슬픔이 있다는 것은 어딘가에
반드시 기쁨이 있다는 말입니다.

슬픔은 바로 어딘가에서 기다리고 있을
기쁨의 증거인 것입니다.

나의 슬픔은 어딘가에서 숨어 있을,
그래, 어딘가에서 불쑥 나타날
내 기쁨의 보증수표인 것입니다."

한 치 앞도 보이질 않던 절망의 시대,
영원할 것 같은 독재의 그 엄혹한 겨울에도
시인 이성부는 이렇게 말하였습니다.
봄은, "기다리지 않아도 오고,
기다림마저 잃었을 때에도 온다"고.
그것은 당연한 말입니다.

영국의 시인 셸리도 널리 알려진 그의 시
「서풍부西風賦」를 통해, "겨울이 깊으면 봄도 머지 않으리"
라고 노래하지 않았던가요?
그것 또한 너무나 당연한 말입니다.

빛이 있으면 그림자가 있고
밝음이 있으면 어둠이 있듯이
그림자와 어둠이 있으면
빛과 밝음도 또한 있는 법이지요.

말할 필요조차 없이,
기쁨이 있으면 슬픔이 있듯

슬픔이 있으면 반드시 기쁨 또한 있는 법이지요.
'달이 차면 이울듯, 이운 달도 반드시 차는' 것처럼,
그처럼 만물은 서로서로 이어집니다.
'太極태극이 無極무극이듯 無極무극은 太極태극인 것'
으로, 극極과 극極은 통한다고
옛사람들은 만물의 이어짐을 표현했지요.
'반자 도지동反者 道之動'
(되돌아가는 것은 모든 도의 움직임이다)이라는 것은
노자老子의 말이지만, 생각해보면,
누구나 잘 아는 삶과 자연의 이치인 것입니다.

하지만 우리 모두가 가끔은 잊고 사는 말이기도 합니다.

*

신플라톤주의 철학자 플로티노스에 따르면
빛과 어둠은 본래 대립적인 것이 아닙니다.
플로티노스에 따르면 어둠이 없으면 빛도 없습니다.
빛이 없으면 어둠도 없습니다.

밝은 빛은 어둠이 전혀 없는 상태가 아니라
어둠이 있지만 밝음이 훨씬 더 많은 상태라는 겁니다.
컴컴한 어둠도 빛이 없는 게 아니라 빛이 있지만

알고 보니 나의 욕망은 남의 욕망이었습니다   **45**

빛은 아주 적고 어둠이 많은 상태일 뿐이라는 거지요.

그러니까 조금 더 나아가 설명하면
사회나 개인이 건강하고 깨끗하다는 것도
병균과 세균이 없는 상태가 아니라
온갖 병균과 세균에도 불구하고,
사회나 개인에게 그 병균과 세균을 견디고 이길 만한
각종 면역체계가 활발히 움직이고 있다는
말과 같은 거지요.

플로티노스의 생각에 따르면
어둠 없는 빛이 없듯, 병균 없는 건강은 없습니다.
그렇듯 불행이 없다면 행복 또한 없고, 슬픔이 없으면
기쁨 또한 없는 거지요.

그렇습니다.
행복이란 불행이 없는 것이 아니라
불행이 있어도 모든 것에 감사하며
작은 일에서도 행복을 만들어내는 마음인 것이지요.
마찬가지로 기쁨이란 슬픔이 없는 것이 아니라
슬픔에도 불구하고 슬픔 속에서도 자주 웃고
자주 감동하며 나날의 크고 작은 기쁨들을 창조하는
지혜인 것이지요.

분명, 지금의 어둠은 어딘가에 있을
밝음의 증거이기도 합니다.
설령 그 밝음이 당장은 보이지 않을지라도
어둠 어딘가에는 빛이 꼭 숨어 있습니다.

그렇기에 플로티노스는
어둠과 슬픔과 불행에 지지 말라고,
어둠과 슬픔과 불행은
밝음과 기쁨과 행복의 증거일 뿐이라고,
어둠과 슬픔과 불행 끝엔
반드시 좋은 날들이 기다릴 거라고
우리들에게 간절히 전하는 거지요.

너무나 당연한 말,
그러나 가끔은 주의해야 할 말, 한 가지.

8

///////////////

지옥으로 가는 길은 천국으로 포장되어 있다

"우리 모두는
누구나
희망의 가능성과 절망의 가능성을
구원의 가능성과 타락의 가능성을
함께
갖고 있다.

길은
구원의 길과 절망의 길은
항상
나 자신에게 활짝 열려 있다.

조심해야 할 점은
때때로

절망으로 가는 길 앞에 구원으로 가는 길이라고
표지판이 써 있다는 것.

또 때로는
구원으로 가는 길 위에, 누군가 장난으로,
절망으로 가는 길이라고 써 붙여 놓기도 한다는 것."

기억하세요.
서양의 오랜 속담 가운데서도
가장 많이 말해지는 속담은
"지옥으로 가는 길은 천국으로 포장되어 있다"는
말입니다.

모든 것은 흘러간다.

- 헤라클레이토스

끊임없이 변하는 것을 역이라 한다.

生生之謂易

(생생지위역)

한 번 음陰하고 한 번 양陽하는 것을 일러

도道라 하니

그를 따르는 것이 선善이며

그를 이루려는 것이 성性이다.

一陰一陽之謂道 繼之者善也 成之者性也

(일음일양지위도 계지자선야 성지자성야)

- 주역周易

9

변하지 않는 것은 변한다는 것뿐

제가 아주 힘들 때 우연히 들은,
피겨스타 김연아 선수의
"모든 것은 흘러간다, 이 또한 흘러간다"는 말이
제게 얼마나 큰 위안을 주었는지 모르겠습니다.
어린 김연아 선수가 끝없이 넘어지고
엉덩방아를 찧고 눈물점을 찍을 때
스스로를 격려하려고 속으로 중얼거렸다는
"모든 것은 흘러간다, 이 또한 흘러간다"는 말에,
저처럼, 아마 꽤 많은 이들이 힘을 얻곤 했을 거라고
짐작됩니다.

솔로몬이 했다는
구약성경 전도서의 말이 생각납니다.
"헛되고 헛되노니 모든 것이 헛되도다"라고요.

그래요. 슬프고 힘들고 나쁜 것도 흘러가지만
사실 기쁘고 행복하고 좋은 것도 흘러가지요.

솔로몬의 말대로 기쁘고 행복하고
좋은 것도 허무하지만,
슬프고 힘들고 나쁜 것들도 다 허망한 건 마찬가지죠.
좋은 것도 나쁜 것도, 또 나쁜 것도 좋은 것도,
그 어떤 것도 영원한 것 없이,
허무하게, 흘러갈 뿐이기 때문입니다.

그래서 우리가 경험하는 모든 힘들 중에 가장 힘센 것이
바로 '시간의 힘' '세월의 힘'이라고 하지요.
누군들 시간 앞에 장사가 있겠어요.
아무리 성형을 성공적으로 했더라도
그 어떤 미인도 늙음 앞에선 속수무책이지요.

너무나 당연한 '시간 앞엔 장사가 없다'는
말에도 불구하고
사람들은 지나친 자기애와 자기 집착 때문에
지금 내가 겪고 있는 이 시간이 멈춰 있다는
착각 속에서 살기도 하지요.

넘치는 자기 자랑, 자기 과시 못지않게

넘치는 자기 혐오, 자기 위축은
요즘 흔히 발견하는 불편한 사회적 풍경이지요.
넘치는 자기 과시나 지나친 자기 혐오는
사실 한 가지인 '자기 집착'이 밖으로 표현된
두 가지의 모습일 뿐이지요.

다른 풀이와 설명도 가능하겠지만,
"끊임없이 변하는 것을 역易이라 한다"
"한 번 음陰하고 한 번 양陽하는 것을 일러
  도道라 하니
  그러함을 따르는 것이 선善이요
  그러함을 이루려 하는 것이 성性이다"
라는 주역의 말은
한갓된 췌사贅辭(쓸데없는 군더더기 말)는 아닙니다.

모든 것은 변하고 시간은 흐릅니다.
그런데 자기 과시와 자기 혐오로 표현되는
'자기 집착'은
도저히 거부할 수 없는 변화와 흐름을
자기만은 거부할 수 있다는 착각과 혼란,
변화를 거부한 고정된 시간 속
스스로가 만든 거짓 우상의 감옥에
스스로를 가두어버린 것입니다.

누구도 짐작조차 못하는 가혹한 생존의 조건 속에서
어쩔 수 없이 만들어진 상처와 절망일지라도
당연히 그 상처와 절망조차 지나간다는 것,
시간 속에 영원한 것은 없다는 것,
'모든 것은 흘러갈 뿐이라는 것'을
스스로 거듭거듭 읊조리면서
상처와 절망의 그 자기 집착에서 조금이라도
벗어날 수 있었으면 좋겠습니다.

상상조차 할 수 없었던 사소한 오해 끝에 다가온
원치 않은 이별 '이제 이 사랑은 끝'
그때 죽을 것같이 아프고 쓰라렸던 '사랑의 상처'도
언제 그랬냐는 듯, 그 사람의 이름조차 아물아물
잊어버렸음을 알고는
화들짝 놀라기도 하는 날들이 있는 게
우리들의 삶, 끝없이 변하고 흐르는
우리들 생生이지요.

집착하지 마세요. 모든 것은 변하니까요.
지금 이 순간의 괴로움을 떨쳐버리세요.
이 순간 또한 흘러가니까요.
좋으나 나쁘나 모든 것은 흘러가고 또 흘러갑니다.
변치 않는 사실은 단 하나,

모든 것은 변한다는 것뿐이지요.

릴케는 그의 시 「꿈꾸는 사람 Der Träumer」에서
"나는 잠자고 있었네
내가 잠자고 있을 때
막 행복이 하나 지나갔네
나는 듣지 못했네
행복이 부르고 있었는데"
라고 노래했지만, 릴케도 알고는 있었지요.
지나간 것은 행복만이 아니라,
분명 불행도 함께 지나갔다는 것을.
다만 꿈꾸고 있었기에 행복이 부르는 소리를 못 듣듯
불행이 부르는 소리 또한 '듣지 못했다'
라고 쓰지 않았을 뿐, 물론 알고 있었지요.

누구나 알고 있듯 어떤 순간도,
행복도 불행도 다 지나가지요.
모든 것은 흐르고 변하니까요.
세상의 그 어떤 것도, 변하지 않고
멈추고 있는 것은 없으니까요.

알고 보니 나의 욕망은 남의 욕망이었습니다　　　**57**

훗날에 훗날에 나는 어디선가
한숨을 쉬며 이야기할 것입니다.
숲 속에 두 갈래 길이 있었다고
나는 사람이 적게 간 길을 택했다고
그리고 그것 때문에 모든 것이 달라졌다고.

– 로버트 프로스트

10

다 가지려는 놈은 도둑놈

케네디 대통령이 특히 좋아했던
미국의 계관시인 프로스트는
그의 「가지 않은 길the Road not taken」에서
두 길을 다 갈 수 없었음을 안타까워하며
한 길을 선택했고 그것 때문에 모든 것이 달라졌다고
담담히 한숨 쉬듯 노래했지요.

2차 세계대전 이후,
한때 전 세계 젊은이들의 영혼을 휘감았던
실존주의 철학의 명제 중 하나는
'이것이냐 저것이냐'(키르케고르)였습니다.
요즘도 흔히 말해지는 '선택과 결단'은 적어도
실존철학에서는 매일 매일, 매 순간 매 순간
우리의 삶이 부닥치는 현실이었습니다.

매 순간의 '선택과 결단'은 피할 수 없는
실존 상황이지요.
피한다고 될 일이 아니지요.
피하는 것 자체가 하나의
'선택과 결단'이기 때문입니다.

이것도 저것도 다 가질 수는 없습니다.
이쪽을 선택하면 저쪽을 버릴 수밖에 없습니다.
시인 프로스트의 말처럼
이 길을 가는 것은 저 길을 포기하는 것을 의미합니다.
삶의 길은 여러 갈래 길에서,
특히 두 가지 길에서 한 길을 선택하는
끊임없는 과정이지요.

그래서요 때로는,
내가 옳다고 선택한 이 생각, 내가 가고 싶어 간 이 길이,
내가 버린 다른 생각, 내가 안 간 다른 길보다
반드시 더 나은 생각, 더 아름다운 길이
아닐 수 있는 겁니다.
내가 좋아 보여 간 길이
내가 가지 못한 저 길보다
정말로 아름답고 좋은 길인지, 정말로 맞고 옳은 길인지
장담할 수는 결코 없는 것이지요.

내게는 이 길이 멋지고 옳아 보이기에
나는 이 길을 선택했지만,
내가 선택하지 않은 저 길이
내가 선택하지 않았다고 해서
추하고 틀린 길은 아닙니다

어떤 일이 잘못되었을 때,
내가 선택하고 달려간 길이
'이게 아니다 싶은' 길이 되었을 때,
나의 그 선택이, 사르트르의 말처럼
전 인류를 대신한 선택이었다 할지라도
또 그럴수록 더욱, 나는 반성을 합니다.
"내 탓이요, 내 탓이요, 내 탓이요"라고.
마치 성당의 미사 시간에 세 번씩 가슴을 치며 고백하는
자기반성의 말처럼 하는 거죠.
그런데 생각해보면 그러한 자기반성의 순간에도
가끔씩은 이렇게도 말하는
자신을 발견하고는 합니다.

"내 탓일 수 있습니다. 그리고 남 탓일 수도 있습니다."
"내 탓일 수 있습니다. 그리고 남 탓일 수도 있습니다."
"내 탓일 수 있습니다. 그리고 남 탓일 수도 있습니다."

칼 포퍼 '비판적 합리주의 철학'의 기초가 되는 생각 중
하나도 이렇습니다.

"내가 틀릴 수 있고 당신이 맞을 수 있습니다.
내가 맞고 당신이 틀릴 수도 있습니다.
우리는 서로서로 비판적 토론과 대화를 통해
지금 서로가 갖고 있는 견해보다는
덜 틀린 의견에 함께 접근하고 합의할 수 있습니다."

그런데 제 삐딱한 시선과 생각으로는
'내 탓이요', '내가 틀렸습니다'란
자기반성의 고백 속에는, 언제부터인가
'내 탓이 아니라 당신 탓이요', '내가 틀린 것이 아니라
당신이 틀렸소'라고 말하는
자기반성 없는 많은 사람들에 대한 어떤 석연치 않은
'윤리적인 정신적 우월감'이 섞여 있다고 느껴집니다.

단순화한다면,
"내가 틀렸다고 생각하는 나는,
바로 그 나의 틀림 때문에 맞았다고 생각하는
너보다 우월하다"라고
으스대는 것처럼 보이는 거지요.

더 나아가 "너는—스스로를 반성할 줄 모르는 너는,
나 같은—스스로를 반성할 줄 아는
나 같은 사람의 지도를 받고
'너의 잘못'을 시정해야 한다"고 말하는
지시와 강제의 목소리가
그 윤리적 우월감의 냄새와 함께
뒤섞여 들려오는 것입니다.

물론 좀 지나친 걱정이자 기우이겠지요.

하지만 어떤 고백과 자기반성은, 분명,
고백도 자기반성도 없는 것처럼 보이는 사람에 대한
우월적이고 지배적인 '문화권력'과
'도덕권력'이 될 수도 있다는 점,
그 점을 조금만 '깊이 있게 또 유머러스하게'
생각해보았으면 좋겠습니다.

우리 모두는 저 길이 틀려서가 아니라,
단지 두 길을 동시에 갈 수 없어서
이 길을 선택했을 뿐입니다.
그런데도 우리는,
내가 가지 않은 저 길은 잘못된 것이라고 판단하고
그것을 나무라고 그것을 시정하려는

오랜 습관을 가지고 있습니다.

내가 선택한 가치와 믿음과 이상을 가지고,
내가 선택하지 않은
가치와 믿음과 이상을 선택한 타인을
함부로 가르치고 억압하고
심지어 제거하려는 그런 마음이,
혹, 내게 있는 것은 아닌가?

그런 마음으로 빚어낸 혐오와 증오가
'문화와 도덕이란 이름의 지배'로
스스로를 합리화하며
당연하게 여기는 것은 아닌가? 하고,
때때로 자문할 수 있는

'자기 신념에 대한 여백'과
'자기 마음에 대한 여유'가
우리 모두에게 있었으면 좋겠습니다.

조금 쑥스러운 제 얘기 하나를 덧붙이고 끝내렵니다.
가끔 여자 친구는 만나지만 좀처럼
결혼을 하지 않으려는
노총각인 저에게, 제 어머님이 자주 하셨던 얘기입니다.

"너무 고르지 마라.

 하나만 있으면 된다.

 다 갖춘 사람 원하는 건 잘못이야"라 하시며

 이렇게 말하곤 했습니다.

"산이 좋으면 물이 시원찮고

 물이 좋으면 산이 시원찮은 법이다.

 산 좋고 물 좋고

 다 가지려는 놈은 도둑놈이다"

 라고요.

친한 친구라면 모든 것을 고백해야 한다고
생각하지 마세요.
친구에겐 솔직해야 한다고,
감추고 싶고 드러내고 싶지 않은
'비밀'을 털어놓는 것이 '우정의 윤리'라고
생각할 필요는 없습니다.
어느 누구에게도 그런 의무는 없습니다.

– 알베르트 슈바이처

11

////////////////

'우정할수록' 거리는 필수

모든 것을 털어놓고 모든 것을 서로서로
낱낱이 알고 있다 해서,
가까운 사이가 된다는 것은 착각입니다.

사이는 마치 고슴도치와 같아서
너무 멀면 사늘한 남이 되기 쉽지만,
너무 가까우면 오히려 서로서로 찌르게 되어
상처가 납니다.

어떤 사물도 너무 멀어도 너무 가까워도
제대로 볼 수는 없지요.
사물을 제대로 볼 수 있는 '적당한 거리'가
꼭 필요하지요,

너무 먼 과거나 너무 가까운 현재에 대해선
그 실물과 그 의미와 가치를 제대로 인식할 수 없듯,
사람 사이에도 서로서로의 가치와 의미 그리고
그 실제를 제대로 느끼고 인정하고 깨달으려면
적당한 거리가 필요합니다.

슈바이처 박사의 권고대로,
모든 것을 솔직하게 털어놓고 서로에 대한
모든 정보를 서로 공유해야만
제대로 된 우정이라는 '정직에 대한 강박과 집착'을
조금 덜어내길 바랍니다.

철학에서 흔히 '인식론적 거리'라 부르는
'대상과 나의 적절한 거리'는
특히 사랑하고 믿는 친구와의 관계에서는
더욱 중요합니다.

그 어떤 진실하고 뜨거운 우정도
적절한 거리가 주는 예의와 배려가 받쳐주지 않으면
오래 지속되지 못합니다.

고백하고 싶을 때는 물론 고백하세요.
그러나 솔직해야 한다는

우정에 대한 상투적 신념으로 강요되고
우정의 윤리로 스스로를
강제한 끝에 나온 고백이라면,
지금, 당장, 멈추세요.

또 그 고백에 친구가 '백퍼 공감'해주지 않았다 해서
지나치게 서운해하지는 마세요.
'백퍼 공감'이란 불가능한 거짓말이에요.
내가 친구가 아니듯 친구 또한 내가 아니니까요.

나의 삶 모두를 친구가 모르듯
나 또한 친구의 모든 것을
속속들이 알려 할 필요는 전혀 없어요.
물론 내 모든 것을 속속들이
친구에게 알려줄 의무는 더욱 없고요.

친구라면, 우리는 서로서로 모르는 채로
그냥 믿고 사랑해주기만 하면 돼요.
사랑할수록, '우정할수록'
예의 바른 거리는 필수입니다.

겸손은 자신을 낮춤으로 높인다.

12

////////////////////

겸손은 힘들다

"겸손은 자신을 낮춤으로 높인다."
이 말은 누가 처음 기록으로 남겼는지와 관계없이
삶의 누적된 경험, 특히 사람의 선善함이
담겨 있는 '관계의 집단지성'
그 아름다운 깨달음의 언어라고 말합니다.

그런데 이 깨달음의 언어에는
두 가지의 전제가 필요합니다.

첫째는,
"우리 모두는 높여지고 싶어 한다.
높여지고 싶은 것은 모든 사람의 자연스러운 욕망이다.
높임이 낮춤을 통해서 이루어질 수 있다면,
불편하고 힘들더라도 스스로 '자기 낮춤'을

자발적으로 감내할 수 있어야 한다.
높임을 약속받는 낮춤의 태도는
지혜롭고 현명한 것이다"
라는 전제입니다.

하지만 이 전제에 대해 이런 질문을
던져볼 순 있습니다.
흔히 낮은 것을 싫어하고 높은 것을 좋아하는 것이
자연스러운 인간의 본능이라고들 하지만
정말로 그럴까요? 하는 질문입니다.

누구나 알고 있듯 본능은 선천적인 것과
후천적인 것의 얼클어짐으로 형성됩니다.
모든 본능은 생물학적 본능에 더하여
역사적 문화적 상징작용을 통해 세뇌 조작된
인위적 본능이기도 합니다.
높아지고 싶은 본능 못지않게, 우리에겐
낮아지고 싶은 본능도 있습니다.
단전호흡을 할 때처럼 낮은 것이 편할 때가 있고,
물이 낮은 곳으로 흐르듯(무게중심이 대개는 낮은 곳에 있듯)
낮은 곳으로 향하는, 낮게 낮게 살고 싶은 본능
또한 우리가 갖고 있는 본능이니까요.
시몬 베유의 '중력과 은총'이나

한완상 선생의 '저 낮은 곳을 향하여'와 같은
삶의 세계에선
'높임'이란 말이 어색할 뿐만 아니라
별 매력이 없을 수도 있지요

둘째는,
"낮출수록 높아지는 이때의 겸손은,
이미 힘 있고 높은 사람의 겸손을 뜻한다"는
전제입니다.

우리의 일반적 경험은
자신을 낮추면 타인에게 낮게 평가되고
함부로 대우받는다는 것을 알려줍니다.
그래서 억지로 거짓말을 해서라도
자신을 돋보이는 '허위 경력'을 내세우는 것이지요.
자신을 뻐기고 자랑하고 높여야만
남도 자신을 높여준다는 건
쉽게 경험되는 삶의 사실이지요.

일반적으로 '자기 낮춤'은
'자기 높임'으로 연결되지 않고
오히려 타자로부터의 '자기 멸시'와
'자기 낮춤'으로 진행될 뿐이지요.

'익은 벼가 고개 숙인다'는 말은
'고개 숙인 벼―겸손한 벼가
익은 벼―높은 자리에 있는 벼가 된다'는 말은
결코 아닙니다.
'익은 벼가 고개 숙인다'는 말은
이미 높아야 낮출 수 있다는 것이지요.

힘없고 가난한 사람이 자기를 낮춘다고,
결코, 힘 있고 돈 많은 사람처럼 높아지진 않지요.
오히려 낮추면 낮출수록 학대받고 멸시받는다는 것은,
누구도 부인할 수 없게
인류 역사 전체가 생생히 보여주는 것입니다.

어찌 됐든 역시 '익은 벼'는 고개를 숙입니다.
그리고 또 숙여야 합니다.
힘 있고 돈 많은 사람이
자신을 높이지 않고 낮출 때,
그 힘과 돈을 가진 사람은
낮춰지지 않고 오히려 더 높아질 수 있습니다.
(인류의 역사가 '침팬지의 야만'에서 벗어나 진화할 수 있었던
것도 이런 지혜로운 교훈들의 '집단지성' 때문이었는지도 모
릅니다.)

하지만 이 교훈은 모든 이를 위한 것은 아닙니다.
힘없는 보통의 사람들을 위한 것이 아닌,
힘센 이들을 위한 경계와 처세의 교훈이
"겸손은 자신을 낮춤으로 높인다"는
이 아름다운 언어의 정직한 사용처입니다.

그렇기에 힘세고 높은 소수가 아닌
모든 사람을 위한 겸손의 지혜는
'낮춤과 높임'의 영역이 아니라
'정직과 소통'의 영역에서 말해져야 하는 메시지입니다.
겸손은 '자기 낮춤으로 자신을 높이는 것'이 아니라
'자기 정직으로 이웃과 세계와 소통하는 것'이
되어야 합니다.

겸손이란 '억지로 참고 하는 자기 낮춤'이 아니라
(억지로 하기 때문에, 겸손은 늘 힘든 것입니다)
자기를 사랑하고 자신을 긍정하는
편안한 당당함으로 '스스로 불편한'
위선과 가식의 가면을 벗고
솔직 소박하게 담담히
자기 자신을 드러내는 것입니다.

그 편안하고 당당한 드러냄에

서로가 서로를 믿고 저절로 의지할 수 있게 만드는
인격의 분위기, 그것이 바로 겸손입니다.

신경림 시인의 "못난 놈들은, 얼굴만 봐도 반갑다"는
말이 그것입니다.
그런 분위기 속에 누구인들 잘난 체하고,
누군들 억지로 하는 겸손의 위선적 가면을 뒤집어쓰고
싶겠습니까?

아무리 고귀하고 잘난 사람도,
젓국 묻고 땀내 나는 엄마 품이 가끔은 그리운 법입니다.
그런 엄마 품에 안겨
때로는 울고 웃고 응석 부리고 싶은 법입니다.
잘난 사람은 잘난 사람대로,
억지로 '자기를 낮추느라 겸손 떨지' 않고
못난 사람은 못난 사람대로,
억지로 '없으면서 있는 체' 안 하고

모든 사람이 자연스레 편안하고 당당하게 사는 것,

내 식대로 '있는 그대로의 나'를 가식 없이
그러나 위세 떨지 않고 담담하게 드러내는 것,

그것이 우리가 사람을 신뢰하고
그 신뢰에 의지해서 살게 하는 힘,
바로, 겸손입니다.

세계에 대한 신뢰는,
지금 내 위에 있는
하늘이 무너지지 않고
내가 딛고 있는
땅이 꺼지지 않는다는 것을 믿는 게 아닙니다.

세계에 대한 신뢰, 그것은
지금 내 옆에 있는 사람을 믿을 수 있다는 것입니다.
가식 없고 소탈한 그를 믿을 수 있기에,
우리는 그 믿음을 통하여
세계가 망하지 않는다는
세계에 대한 신뢰를 갖는 것입니다.

세계에 대한 신뢰는 사람에 대한 신뢰를 뜻합니다.
억지로 하는 위선의 겸손이 아닌
편안하고 자연스러운 정직의 겸손을 통해, 우리는,
서로서로 사람에 대한 신뢰를 쌓아갑니다.
가식 없는 겸손, 자기 정직의 겸손은
세계에 대한 신뢰의 기초가 됩니다.

그러므로 조심합시다. 무엇보다
억지로 하는 겸손
가식하는 겸손
부정직한 겸손은
차라리 '떨고 싶은 건방과 오만을
솔직하게 드러내고 맘껏 떠는 것'만 못합니다.
아니, 더 나쁩니다.

억지로 하는 겸손, 가식하는 겸손은
타인에 대한 불신과 함께
자신에 대한 믿음을 잃게 합니다.
거짓말쟁이에게 내려지는 가장 큰 벌은,
바로 자기가 자기를 못 믿는 '자기 불신의 벌'입니다.

억지로 하는 위선적 겸손에 대한 벌은
세계를 믿고 못 믿고를 넘어 그보다 먼저
모든 기초의 기초가 되는 삶의 감각을
감각 마비의 상태로 이르게 하는
'무감각의 중형'입니다.
살아도 살지 않는 것과 마찬가지인
'무감각의 벌'입니다.

다시 한번, 정리할까요.

겸손은 '자기를 낮추느라 억지로 하는 겸손'을
거부하는 것입니다.
겸손 떨지 않는 것
그것이 바로 겸손입니다.

겸손은 '자기를 낮춤으로 자기를 높이는 것'이 아니라
겸손은 '자기를 정직하게 드러냄으로
이웃과 세계와 소통하는 것'입니다.

분자를 키우려 하지 말고
분모를 줄여라.

행복하고 싶다면 성취를 늘리려 말고 욕망을 줄여라.

– 스토아 철학 혹은 금욕주의

13

///////////////

마음의 공부법

$$행복 = \frac{성취(소유)}{욕망(욕구)} \text{ 이다}$$

"현명한 사람은
고단하고 도달하기 어려운 성취에 목매달지 않고
자신의 욕망을 내려놓고 욕심을 버린다.
욕망이라는 이름의 분모를 줄이면
우리 모두는
작은 성취에도 많이 행복할 수 있기 때문에
구태여 많이 가지려 애쓰지도 않고 힘들이지도 않게 된다.

욕망만 줄인다면,
경쟁에서 이기기 위해 남에게 상처 주고
나 또한 상처받지 않아도 된다.
행복해지려면

분자인 성취를
'크고 많고 높게' 하려 하지 말고
분모인 욕망을
'작고 적고 낮게' 만들어라.

행복해지려면 버려라, 비워라, 낮춰라―분모를 줄여라."

이런 서양 스토아 철학의 지혜는 왠지 우리에게
친숙하게 느껴집니다.
그것은 너무나 많은 동양의 철학자들이
삶의 철학과 인문학의 지혜로 밤낮으로 전해주었던
아주 익숙한 메시지이기 때문입니다.

공자는
"반소사음수, 곡굉이침지, 낙역재기중
(飯疏食飮水, 曲肱而枕之, 樂亦在基中
거친 밥에 물 마시고 팔 배니 즐거움 역시 그 속에 있다)"
이라고 말하였습니다.
사랑하는 제자 안회安回가
"한 그릇 밥과 한 그릇 물과 함께 초라하고
누추한 시골에 살면서
그 즐거움을 바꾸려 하지 않으니
안회는 참으로 어질구나

(一簞食一瓢飲在陋巷 回也 不改基樂 賢哉回也

일단사일표음재누항 회야 불개기락 현재회야)"라 하며

안회의 '안빈낙도安貧樂道(가난함을 편안히 하며 도를 즐김)'

의 삶을 아주 높이 평가하고 칭찬하였습니다.

'가난을 부끄러워하기는커녕 가난을 즐긴다'는

이런 버림과 비움과 낮춤의 지혜를,

'영원한 스승' 공자는

안회의 삶을 통해 가르쳐주고 싶었던 것이지요.*

*

부귀영화의 추구가 아니라 그 정반대인 가난을 즐기라
고 권하는『논어論語』의 이 말은 국어학자 이희승 선생님
의 멋진 에세이와 함께 옛 고등학교 국어 교과서에 실렸
고 또 대입 시험 문제로도 출제되어 우리나라 청소년 교
육에 많은 영향을 주었던 내용이었습니다. 세계의 고통
과 이웃의 아픔에 함께 참여하고 그 슬픔을 나누려는 오
랜 휴머니즘의 전통은, 오늘 우리에게도 권정생, 전우익,
신영복 그리고 법정 등이 펴낸 숱한 금욕주의의 베스트
셀러를 통해 '무소유'의 윤리로 내면화되었습니다.

또 다른 너무나 유명한 이야기,

6, 7세기 중국 당나라 선禪불교의 깨달음 이야기입니다.

5조 홍인弘忍 선사의 으뜸 제자인
북종선北宗禪의 신수神秀는
"하루하루 먼지가 끼지 않게 매일 같이 마음을 갈고
닦아야 한다"고 하여
이른바 유심唯心의 점수漸修를 말했다고 합니다.
오직 마음뿐이니 쉬지 않고 꾸준히
갈고닦아야 한다는 것이지요

이에 대하여 홍인의 또 다른 제자
남종선南宗禪의 혜능慧能은
"본래무일물本來無一物(본래가 없으니 갈고 닦을
거울도 마음도 없다)"이라 말하고
무심無心의 돈오頓悟 즉
"갈고닦을 마음조차 본래 없는 것임을
느닷없이 깨달았다"는 것을
'깨달음의 노래'로 남겼다 하지요.

혜능은 신수가 말한
"마음은 거울 같으니 거울 닦듯 매일매일
쉼 없이 마음을 닦자"는 것을 부인하고
"원래가 마음은 없으니 닦을 필요는
자연히 없는 것이고 만약 있다면,
있는 것은 오염조차 불가능해

도저히 먼지가 낄 수가 없는 청정심淸淨心뿐이다"
라고 말하였다 전해지지요.

어느 쪽이 더 맞는 견해인가 하는 것과는 관계없이,
여러 복잡한 과정을 통하여 결국
중국 선불교의 전통은
5조 홍인으로부터 남종선의 혜능으로 이어지면서,
6조가 된 혜능의 불립문자不立文字(글에 의존하지 않는다)
로 선의 법통을 정리하지요.

어쨌거나 선불교의 말은 조금은 낯설지만,
이렇게 정리해볼 수 있을 것 같아요.

"모든 불행은
마음의 욕심에서 비롯하는 것이니
행복하려면
꾸준히 마음의 욕심을
비우고 버리는 연습을 해라
아니 더 나아가
원래가 마음은 없는 것이니
무슨 욕심인들 있을 수 있겠는가
욕망도 마음도
없는 것임을 깨닫기만 한다면

우리는 영원히 불행에서 해방될 수 있을 것이다"
라고요

행복하려면 마음의 욕심을 버려라. 아니 더 나아가
'마음마저 버려라 본래가 마음은 없는 것이니'
라는 깨우침은
이 거친 세상, 들끓는 욕망, 실현되지 못한 욕구로
상처받고 좌절하는 너무나 많은 이들의 마음에
힘과 위안을 주는 지혜일 수 있을 겁니다.

참으로 오랜 시간
첫째 기아와 질병,
둘째 전쟁과 압제라는
두 가지의 절대적 생존 조건에 시달려온 인류에게,

오직 소수만이 부귀영화를 누릴 수 있고**
대다수에겐 부귀영화란 그저
'그림 속 떡이어야만' 하고,
'그림 속의 떡'일 수밖에 없는, 그래서
부귀영화에 대해 좌절될 수밖에 없는
부귀영화를 누리고 싶은 욕망 앞에,

모든 욕망과 집착을 버리고

차라리 넘어서라는 가르침은
얼마나 설득력 있는
'마음의 공부법'이 되었을까요.

＊＊

부귀영화를 많은 사람이 누린다면, 그런 부귀영화는 이미 부귀영화가 아닙니다. 누구나, 아무나 갖는 명품이 명품이 아니듯이 부귀영화는 언제나 소수의 것이 되어야 합니다, 모든 사람이 다 성공한다면, 사람들은 이미 그 성공을 성공이라 보지 않기 때문입니다. 그래서 절대군주는 언제나 하나였고, 부자들은 언제나 다수가 아닌 소수였습니다.

돈을 무시하는 사람들의 말을 지나치게 신뢰하지 말라.

- 버트런드 러셀

14

////////////////

돈, 사랑하세요

아마도 인류 역사상 가장 머리 좋은 사람 중
하나였을 러셀은
돈을 무시하는 사람에는
두 가지 부류가 있다고 했습니다.

첫째는 돈이 너무 많아 돈 자체가
그다지 중요하게 느껴지지 않는 사람,
둘째는 돈이 너무 없고
돈 벌 수 있는 능력조차 너무 없어
그냥 돈 자체에 절망하고 관심조차 끊게 된 사람,
이라고요.

어찌 되었든 보통의 사람들에게 돈은,
그저 성실히 애쓰고 노력하면 좀 모일 것처럼

보이기도 하는데 이상하게 모여질 듯
모여질 듯하면서 도대체 모이질 않고
언제나 부족하기만 하지요.

정말이지 우리 같은 사람들에게 '돈'은
언제나 신경 쓰이고 신경 써야만 하는
너무 자주 토라지는 연인이나,
좀 심각하게는 떼려야 뗄 수 없는
초강력 접착제로 붙여진 운명 같은 것이라고
느껴지는 게 현실이지요.
좀 더 솔직하게
"속세에서 삶의 모든 문제는 돈과 직결되어 있다"고
대놓고 말한 이도 있지요.

사실 자본주의와 상관없이도, 꼭 자본주의라는
말을 안 해도 너무나 많은 사람들의
직접적인 고민은 대개 '돈 문제'이지요.

욕망을 줄이고 마음을 아무리 비우려 해도 그건 잠시뿐,
나날의 생활에서 돈 문제는 비워지지 않지요.
돈 문제는 흔히들 말하길 마음의 문제가 아니라
현실의 문제라 하니까요.

마르크스의 저 유명한 '매뉴스크립트'(마르크스의 초기 저
작으로 '파리 초고'라고도 불리는 '경제학 – 철학 초고')에서도
말해진 것처럼, 돈이면 뭐든지 할 수 있는 세상에서
'욕망 없이 돈 없이 살라'니 왠지 그럴듯하지만
자다가 봉창 뜯는 헛소리처럼 들리는 것도 사실입니다.*

무엇보다 보통의 경우, 우리들 대부분은
돈도 항상 부족하지만
돈에 대한 욕망을 줄이고 마음을 비울 만한
깨달음의 정신과 그런 문화적 자산,
또한, 항상 더욱 부족합니다.

 *
모든 연애의 경우에서처럼,
돈도 돈을 사랑하는 사람들에게만
'그것도 겨우' 찾아와주지요.
'좋다고 사랑한다고 내 사랑 좀 받아달라고'
애걸복걸해도 마음 곁 내줄까 말까 하는데,
관심조차 없고 때론 무시하고 경멸까지도 서슴지 않는
그 사람에게 왜 거저 마음이 갑니까?
돈은, 돈에 관심 많고
돈을 좋아하는 사람들에게만 찾아가는 법이라고
옛부터 말해졌지요.

욕망을 줄이고 마음을 비우는 일이
저절로 되는 쉬운 일이라면,
깨달음을 향한 그 수없이 많은 지혜의 말씀들과
그 놀라운 수행의 과정들이,
도대체 왜, 필요했겠습니까?

'안빈낙도의 안회'가 '점수의 신수'와 '돈오의 혜능'이,
왜, 그토록 중요하고 유명했겠습니까?

아플래도 너무 바빠서 아플 틈이 없다는 말 그대로,
먹고 살려고 그저 돈 벌기에 정신없는 이들에게
마음을 비우고 욕망을 줄이라는 지혜의 말씀과
그런 정신적 문화적 자산의 축적은, 무엇인가
내겐 어울리지 않는, 내겐 너무 무거운
정신적 등짐이거나, (비슷한 말이지만)
내겐 너무 낯선 세련되고 불편한 문화적 덫으로
보일 수도 있어요.

사실, 고결한 정신이 주는 윤리적 부담과
고급한 문화의 억압은 서구의 제국주의적
'문명화 과정'이 늘 보여주었던 역사이기도 했지요.

시인 김수영이 그 우아한 여류 시인의 맑고 고운 눈에는

핏줄이 올라 있지 않다고,
삶의, 생계의 찌든 땀 냄새가 나지 않는다고,
힐난하듯 퉁명스레 내뱉은 말이,
어쩌면 우리들 마음속 말들은 아닐는지요?

"사람으로 태어나서 할 수 없는 일들은 아무것도 없다"
라고 말한 그리스 엘리트들의 격언과 함께
"인생이란 그저 죽음에로의 지루한 여행길일 뿐"이라는
속담 또한 같은 시기에 말해졌다는 삶의 역사적 사실을,
오늘, 우리들 자신의 삶의 문제로 생각해보았으면
좋겠습니다.

너무나 부자였고 또 너무나 총명했던 러셀의 말을
교훈 삼아 아주 평범하게 정리해본다면 이렇습니다.
"돈을 사랑하라 그러나 결코 돈에 집착하지 마라"
"세속을 욕망하라 그러나 세속에 목매진 마라"라고요.

덧붙여 한국 현대시문학사상 '가장 정직한 시인'으로
평가되는 김수영의 절창
「사랑의 변주곡」의 한 대목을 전해드리고 싶습니다.

"욕망이여 입을 열어라
그 속에서

사랑을 발견하겠다 ……

아들아 너에게 광신狂信을 가르치기 위한 것이 아니라
사랑을 알 때까지 자라라 ……

너의 가슴에 새겨둘 말을 너는 도시의 피로에서
배울 거다.”

그렇습니다. 중요한 것은, 나 자신의 욕망입니다.
자신의 욕망에 정직하게 응답하세요.

뭐 어떻습니까. 돈, 사랑하세요.

돈의 가치, 돈의 중요성은 구태여 말하지 않아서지,
누가 모르겠어요?
'지나가는 강아지도 돈 있는 사람은 알아본다'는
이 자본주의 세상에 돈의 중요함을 모른다면,
위선자이거나 외계인이거나
둘 중 하나이지요.

정말이지 돈은 중요합니다.
그러나 세상에는 돈만큼, 돈보다 중요한 것이
너무나 많이 있다는 것 또한 사실이지요.
예컨대 사랑과 같은 것,

예컨대 정의와 같은 것,
또 예컨대 '나란 이름의 존재' 같은 것.
당연히 '내가 있으니까' 돈이 중요하지요.
만약 '내가 없다면' 돈 같은 건 아무것도 아니지요.

돈, 사랑하세요.
단지, 돈, 거기에 집착하진 마세요.

옛부터 그랬어요.
'돈 낳고 사람 낳은 게 아니라 사람 낳고 돈 낳았다'고요.
새삼스럽지만, 아무리 강조해도 지나치지 않은 말은
이런 말들이지요.

나의 주인은 오직 나다!
나의 주인은, 돈도 그 무엇도 아닌, 바로 나 자신이다!
무엇보다 우리는 물건이 아닌 사람이다!
우리는 그 무엇을 위한 수단이 아니라,
우리 자신 스스로가 목적인, 사람이다!

너 자신을 알라**

– 소크라테스

스무 살, 그리고 우리 모두, 나를 위해 미리 읽는 작은 인문학

15

///////////////////

모든 사람은 누구나 다 잘 살고 싶어 한다

옛 그리스 사람들은
"모든 사람은 누구나 다 잘 살고 싶어 한다.
 그럼에도 불구하고, 우리가 잘못 살고 있는 것은
 어떻게 해야 잘 살 수 있는지를 모르기 때문이다"
 라고 보았습니다.
반복하자면
"잘 사는 법을 알고 깨달으면 잘 살 수밖에 없다.
 우리 모두는 다 잘 살고 싶기 때문이다.
 어느 누구도 잘못 살기를 원하지 않는다"
 는 생각을 아테네의 지식인들은 가졌던 거지요.

그래서
"잘 살려면 먼저 나 자신이 '잘 살 수 있는 법을 모르고
 있다는 것'을 깨달아야 한다.

나 자신이 모르고 있다는 것을 깨닫는 것,
그것이 잘 사는 것의 출발점이다"
라고 말했습니다.

흔히 오해되고 있는 것처럼 플라톤이 전하는
소크라테스의 무지無知의 지知의'나
지행합일설知行合一說은
"아무리 힘들고 설사 그것이 손해보는 일일지라도,
알면 반드시 행해야 한다"는 말처럼
당위론적 도덕의 지행합일설이 아닙니다.

크면서 너무나 자주 들었던
옛날 교장 선생님 훈화 말씀 같은
"알면 무엇하나 행동을 해야지"
"아는 것보다 실제 실천이 중요하다"는
실천 중심의 도덕률과는 전혀 다른 철학입니다.

소크라테스나 플라톤 그리고 더 나아가
아리스토텔레스까지, 그들은

"아는 게 중요한 것이 아니라 실천하는 것이 중요하다"
라는 말을 한 것이 아니라,
"아는 것, 그것이 중요하다"라고 생각하였습니다.

"깨닫기만 한다면 잘 살 수밖에 없다.

그것은, 우리 모두가 잘 살고 싶어 하기 때문이다.

자기 자신이 모르고 있다는 것을 출발점으로 하여

잘 살 수 있는 방법을 알기만 하면

우리 모두는 저절로 잘 살 수밖에 없다.

우리 불행의 원인은,

행복하게 사는 방법을 모르는

우리의 '삶에 대한 무지'

'자기 자신에 대한 무지' 때문이다"라고

생각했기 때문입니다.

특히 아리스토텔레스에 의하면

"삶의 목적은 행복이며

그 행복에 이르는 방법은

중용의 지혜와 절제를 실천하는 프로네시스다"

라고 말함으로써

행복이야말로 삶의 핵심적 목적 가치로 선언되고

그 행복에 이르는 방법은 중용의 실천적 지식인

프로네시스로 인식되었습니다.*

이러한 이성적 존재로서의 인간과

행복하고 싶은 욕망의 보편성

그리고 그 행복에 이르는 지식에 대한

고대 그리스 사람들의 '도저한 믿음'과
'주지주의적 신념'은
결국 자기 자신을 잘 안다는 것이
자기 자신을 잘 돌보는 것이 되어,
무지의 지知는 현대 사상가 푸코의
자기 배려의 지知와 자기 돌봄의 지知로
발전됩니다.

서양 철학에 있어
우리의 지식, 우리의 지혜, 우리의 실천 지성은
먼저 우리 자신을 행복으로 이끄는 능력

바로 그것이 됩니다.

*

아리스토텔레스는 우리도 잘 아는 『논어』의 과유불급過
猶不及(지나침은 미치지 못함과 같다) 같은 삶의 지혜를 중
용의 덕과 지식으로 설파했지요.
언제 어디서나 상황에 잘 맞는 '넘치지도 모자라지도 않
는' 적절한 삶의 태도와 그런 삶을 자연스럽게 살게 하
는 '몸에 밴 자기 절제'의 반복훈련 습관을 프로네시스
Pronesis(실천적 지식)라 하여 우리에게 행복에 이르는 길

을 알려주었지요. 예를 들어 용기는 '지나친 만용'과 '모자라는 비겁'의 중용으로, 나아가야 할 때는 나아가고 물러서야 할 때는 물러서는 태도라는 거지요.

중요한 점은, 행복을 향한 중용의 지식과 태도는 하루아침에 쌓이지 않기 때문에, 반드시 거듭된 반복 훈련으로 습관화해야 한다고 아리스토텔레스는 강조했다는 것이지요.

누구나 한 번쯤은 예상치 못한 뛰어난 행동을 할 수 있지만, 행복은 어쩌다 실천한 '한 번으로는' 이루어지지 않습니다. 행복은 한 번이 아닌 반복된 절제의 훈련과 지속적인 중용의 습관을 통해서만 얻어지는 것이지요. 마치 한 마리의 제비가 왔다고 해서 봄이 온 것이 아니듯 말이지요.

**

'너 자신을 알라'는 말은 소크라테스의 말로 전해지지만 사실은 아폴론 신을 주신主神으로 모시는 델포이 신전의 머리 위에 새겨져 있는 당대 그리스 사람들의 격언이었지요.

전설에 의하면 대홍수의 절멸 끝에 간신히 살아남은 두 사람, 데우칼리온과 피라가 '인류라는' 자손을 퍼트린 곳

이 파르나소스 동산입니다. 이 동산을 다스리는 신이,
문명을 탄생시킨 '태양과 이성의 신' 아폴론이고요.
그 파르나소스에 세계의 중심 또는 배꼽이란 뜻을 가진
옴파로스란 분화구가 있지요. 전해지는 이야기로는
옴파로스 위 세발 의자에 걸터앉은 무당은
옴파로스에서 나오는 가스를 맡고 신탁을 받아 예언을
베풀었다 합니다.(그닥 중요하진 않지만, 무당의 이름은
피티아라고도 하고 혹은 시빌라라고도 하지요.)
델포이 신전은 바로 그러한 신화의 연장선 위에 세워진
파르나소스 동산의 신전이구요.(또 중요하진 않지만, 바다
의 신 포세이돈을 아버지로 두고 이름을 파르나소스라 한 무당
이 델포이 신전에서 제사를 집전하고 예언을 했다고 하지요.)
아무튼 '너 자신을 알라 Gmothi Seauton'란 말이
아폴론을 섬기는 델포이 신전에 새겨진
명문銘文이란 사실은
'자신을 아는 것, 자신을 아는 지식'을
오랜 시간 아주 많은 옛 그리스 사람들이
지식의 핵심으로 인식했다는 증거입니다.

'너 자신을 알라'는 말은 소크라테스의 말이면서
동시에 옛 그리스 사람이면
누구나 다 같이 공감하고 공유했던,
당연한 삶의 지식인 것이지요.

"잘 살고 싶은 것, 행복하게 살고 싶은 것은
모든 사람의 자연스러운 욕망이다"라는
욕망의 보편성 위에
내가 모르고 있다는 것을 아는 것에서 출발한
'행복하게 사는 방법의 탐구'로
지식의 성채를 쌓는 것.

그런 주지주의적 태도가 철학이고
인문학이라고 생각한
옛 그리스 사람들의 전통을
오늘의 우리들이 음미하고 사색하며 살 수 있다면,
왠지 내 삶도 깊어지고 행복해질 수 있을 듯합니다.

한 번 더 "음미되지 않은 삶은 살 만한 가치가 없다"고
소크라테스가 강조했던 말씀을 기억하고
'내가 모르고 있다는 것을 아는 것Gnothi Seauton'을
출발점으로 삶의 지식을 쌓아간다면, 우리 모두는
'음미되어, 깊어지고 행복해진 내 삶'을
만날 수 있을 것도 같습니다.

자발적 절제와 금욕은
자기에 의한, 자기에게 행하는
자기 자신의 실천이며
'진리'의 실천이다.

– 푸코

16

////////////////

하얀 설탕 단맛의 기쁨에서
검은 커피 쓴맛의 행복으로

스스로가 스스로에게 약속하여 참고 노력한 끝에
성공한 다이어트의 행복감을 떠올리면,
푸코의 '자기 돌봄의 철학'을
보다 쉽게 이해할 수도 있지요.
우리가 잘 아는 『마시멜로 이야기』의 교훈은
누구에게나 적용됩니다. 먹고 싶은 마시멜로,
그 달콤하고 말랑말랑한 마시멜로를
누가 시켜서도 아닌 자기 스스로가
참고 조금 늦게 먹은 아이들이
커서는 훨씬 더 많이 행복하게 살고 있다는
실험의 결과를 상기하지요.

이어령 선생은
"문명의 진보는, 하얀 설탕의 단맛에서만 기쁨을 느꼈던
인간의 감각을,
검은 커피의 쓴맛에서도 행복을 느낄 수 있도록 변화시
켰다"고 했습니다.

그렇습니다.
아리스토텔레스의 프로네시스이든
푸코의 자기 배려와 자기 돌봄의 철학이든
좀 더 통속적으로 자기 관리Self-Administration와
자기 격려Self-Admiration, Self-Encouragement의
실용심리학이든 삶의 성숙과 행복은
'절제'를 통해 이루어집니다.
주의해야 할 점은, 이 '절제'가
외부로부터, 타인으로부터 강제되는
'고통의 강요'가 아닌
자기로부터, 자신의 내면으로부터
욕망하는 '자발성의 기쁨'이 되어야만
한다는 것이지요.

칸트에 의해 유럽 계몽주의의
결정적 선언으로 이해된 말,
"감히 알려고 해라Sapere aude. 그대 스스로의 이성을

사용할 용기를 가져라"처럼
자기 스스로의 이성과 그 절제의 용기에는,
언제나 자발성의 기쁨이 가득 깃들어 있습니다.

'문명의 조건은 절제이다'라는 김현 선생의 말과 함께
'극기복례克己復禮(나를 넘어서 예로 돌아감)'나
"아는 것은 좋아하는 것만 못 하고
좋아하는 것은 즐기는 것만 못 하다
(知之者不如好之者 好之者不如樂之者
지지자불여호지자 호지자불여낙지자)"
라는 우리가 익히 아는 공자의 말씀은
모두가 절제에 대한 자발성의 기쁨을
특별히 강조하는 이야기이지요

스스로가 스스로를 위해 선택하고 실천한 절제는,
이제껏 인류가 알고 있는
모든 행복으로 향하는 길 가운데서
가장 경제적인 즐김과 기쁨의 길인 것입니다.

나는 '타자'를 통하여
신을 만난다.

– 레비나스

스무 살, 그리고 우리 모두, 나를 위해 미리 읽는 작은 인문학

17

///////////////////

적선積善하세요*

누군가 제게 보낸 편지 말미에
"지금 문을 열고 들어온 이는 온 인류를,
온 우주를 대표해서 나에게로 온 손님"이라고 썼듯이
또 "내가 장발장을 환대한 것이 아니라
사실은 장발장이 나를 환대한 것이다"라고
『레미제라블』의 미리엘 주교가 말했듯이

타자에게 차려준 '환대의 식탁'은
손님을 위한 것이면서,
동시에 그보다는 나 자신을 위한 환대의 식탁입니다.
타자 환대의 바탕은 바로 자기 자신에 대한 사랑입니다.
인류에 대한 사랑 또한 우리 내부에 있는
나 자신에 대한 사랑입니다.

병석의 칸트는 손님이 문병 차 방문했을 때,
간병하던 분께 기진맥진한 자신의 몸을
일으켜 달라 부탁하면서
"아직도 나에게는 인간에 대한 위엄이 남아 있다"며
나지막이 말했습니다.
칸트의 '인간에 대한 위엄'이란
다름 아닌 타자와 자신 모두를 그리하여
인간 자체에 대한 '존중하는 마음'을 말함이지요.
퇴계가 제자들에게 남긴 저 유명한 유언
"매화에 물 주라" 한 뜻도 마찬가지였지요.
바로 세계와 이웃과 자신에 대한 존중의 념念을
"매화에 물 주라"라는 한마디로 표현하여
남긴 것이지요.

　　　*

1950~1960년대 우리나라엔 순전히 '밥동냥'만 하는
'거지'들이 많았어요. 철사줄로 묶은 양철통을 들고
다니며 먹다 남은 식은 밥 한 덩이라도 달라며
"밥 좀 주세요, 밥 좀 주세요" 주린 배를 움켜잡고
구걸하는 사람들이 정말 많았지요.

그런데 그들이 동네방네 다니며
큰소리로 꼭 덧붙이는 말이 하나 있어요.
그 말은 "적선하세요"였어요.
"적선하세요"라는 말은 풀이하면
"선善을 쌓으세요. 저같이 배고프고 불쌍한 사람에게
밥 한 덩이 주시는 것은 당신과 당신의 자녀들의 복을
위해 차곡차곡 쌓아놓는 착한 행위입니다"
라는 뜻의 말입니다.

그 어려웠던 시절, 그래도 그 시절을 견디고
마침내 이겨낼 수 있었던 우리들의 힘은
아마도 이런 '적선의 지혜'와 같은
집단지성 덕분이 아닐까 싶습니다.
'동냥하는 거지' 스스로가
구걸은 할지언정 마지막 자신의 자존심을
지킬 수 있는 지혜,
배고픈 이웃을 위해 밥 한 덩이라도
나눠주는 착한 마음이,
이웃을 위해서이지만 결국은
자기 자신을 돌보는 마음이라는
겸손한 깨달음이
우리들 삶 속에 문화적 유전자로 녹아 있는 한,
우리 모두는, 잘 살 수 있으리라 생각합니다.

내가 하고 싶지 않은 것을
타인에게 시키지 말라.

내가 당하고 싶지 않은 것을
타인도 당하지 않게 하라.

己所不欲 勿施於人 *
(기소불욕 물시어인)
- 공자(孔子)

18

///////////////

35억 년의 시간

보통 '이기적인 것'은 '이타적인 것'과 정반대의 말로
상호 대립적이고 배척적이어서 그 둘 중 하나를
선택하면 다른 하나는 없어야 한다고들 하지요.

예전 노인들이 사시던 한옥이나 관공서와 언론사에
흔히 붙어 있던 한자로 된 현판懸板의
'파사현정破邪顯正'이란 말처럼
사邪를 없애야 정正이 드러난다고 배우기도 했지요
또 그 못지않게 더욱 자주 눈에 띄는
'멸사봉공滅私奉公'이란 말도
공公에 봉사하려면 사私를 없애야 한다고,
언제나 우리들을 가르치곤 하는
엄숙한 격언이었지요

그런데 사실은 이렇습니다.
모든 이기적인 자기 돌봄은 '언뜻 보기'에 이타적인
정반대의 타자 돌봄과 자연스레 연결됩니다.

인간이 적어도 이성적인 동물인 한,
이성은 그것 자체로 보편성을 지녔기 때문에
"내가 나 자신을 이기적으로 돌보는 것처럼
타자 또한 타자 스스로를 이기적으로
돌볼 수 있는 권리를
내가 존중하고 인정할 수밖에 없다"고
생각하게 되는 것입니다.

다시 한번 반복하여 말하자면
이성적 존재인 인간은 이성의 보편성 때문에,
내가 나 자신을 이기적으로 돌보는 것처럼
타자 또한 타자 자신을 이기적으로
돌볼 수 있음을 인정하고
더 나아가 타자의 이기주의를
나의 이기주의로 배려하고 도와주기도 합니다.

진화생물학자 리처드 도킨스는
이기적 유전자의 절대적 지배를 받는
'생물로서의 인간'이

그 이기적 유전자의 이기적 선택의 결과로써
이타주의를 선택할 수도 있다고 보았습니다.
또 경우에 따라서는,
이타주의를 하나의 문화양식으로 전승, 발전시켜
'문화적 유전자 – 밈Meme'을 형성시킬 수도 있음을
조심스레 이야기하기도 했지요.

헤겔은 그 유명한 '주인과 노예의 변증법'에서
지배자인 주인과 피지배자인 노예의 관계가
역전될 수 있는 가능성(혹은 필연성)을 이야기했지만,
그 핵심 또한 주인은 '노예와의 관계성' 안에서만
주인이라는 것이지요.
당연히 노예가 없으면 주인도 없는 것이지요.
사실 누구나 쉽게 알 수 있는 것처럼 약자가 없으면
강자도 또한 없는 것이지요.

'노예 배려', '약자 배려'는
주인과 강자의 이타주의적 배려이지만
동시에 주인과 강자의 이기주의적 선택이기도
한 것입니다.

분명한 것은, '나 – 주체'는 '남 – 타자'가 없으면
내가 아니라는 사실입니다.

언제나 주체는 타자와의 관계 속에서만
주체이기 때문입니다.

헐벗고 배고픈 이들 앞에서 보란 듯이
좋은 옷에 진수성찬의 잔칫상을 즐길 수 있는 능력은
적어도 인간인 '나-주체'에겐,
언제나 어느 곳에서나, 그런 능력 자체가 없습니다.
만약 있다면 그것은,
그들이 '인간이란 이름의 탈을 쓴 짐승'이거나
'진화가 안 된 짐승'이기 때문입니다.**

  *
공자께서 엄숙히 말씀하지 않으셔도
보통의 사람들은 흔한 오해와는 달리
일반적으로 '내가 하고 싶지 않은 일'을
남에게 잘 시키지 않습니다.
당연히 '내가 당하고 싶지 않은 일'을
타인도 당하지 않게 합니다.
내가 먹고 싶지 않은 음식을 남에게 권하지 않고,
내가 두들겨 맞고 싶지 않기에 남을 때리지도 않고
나아가 함부로 주먹을 쓰는 사람을 폭력배라
멸시도 하는 것입니다.

저절로, 그냥 자연스럽게 말입니다.

**

'온생명'의 물리학자 장회익 선생의 주장에 의하면
인간이 이 정도의 윤리적 체계를 지닌 생명체가 되기
위해서는 대략 35억 년의 시간이 필요했다고 하지요.
'자기 존중' 그리고
자기 존중 끝에 도달한 '타자 존중',
이런 자아 존중과 타자 존중 모두를 포함한
'인간 존중'의 윤리적 체계를 거부한다는 것은
35억 년이란 시간,
그 어마어마한 시간에 '침을 뱉는' 모욕의
반시간적 행위입니다.
생명의 진화와 문명의 진보를 거부하고
'짐승에서 인간으로가 아닌, 인간에서 짐승'으로 향하는
반진화적 폭거인 것이지요.

아름다움은 인간이 하늘의 질서에
가까이 갈 수 있는 통로이다.
그러나 아름다움의 참 의미는
인간을 넘어서는 것이기 때문에
또한 인간이 받아들일 수 없는 것이다.
그리하여 사람은
인간적인 것으로 변용된 아름다움을 통해서
인간을 넘어서는 '천상의 것'과
인간이 필요로 하는 '지상의 것'들 사이에서
위태롭게 존재할 수밖에 없다.

− 김우창

지상에 있는 사랑치고 땅에 떨어져
흙이 묻지 않은 사랑은 없다.

− 김기림

참된 것은 하늘의 길이요
참되려 하는 것은 사람의 길이다.

誠者 天之道也 誠之者 人之道也

(성자 천지도야 성지자 인지도야)

− 중용中庸

19

///////////////////

하얀 눈은 하얀 눈만 쌓인 게 아닙니다

김우창 선생의 말처럼,
우리가 볼 수 있고 알 수 있는 지상의 아름다움이란
오직, 인간적으로 변용된 아름다움뿐입니다.

지상의 아름다움은,
꿈에서 만나는 천상의 아름다움과는 같지 않습니다.
아버지 이삭을 속이고 형 에서의 장자 상속권을 가로챈
야곱이 만난, 천상의 아름다움으로 오르는
'천사들의 사다리' 같은 것은 꿈에서만 있을 뿐,
지상엔 없습니다.

'꿈이 아닌 현실' 속에서의 아름다움이
천사의 사다리가 아니라 흙이 묻은
아름다움이라고 본 김기림 시인의 말은
아주 의미 있는 현실 인식입니다.

우리의 아름다운 사랑은,

제발, 흙이 묻지 않기를 바라지만,

그런 우리의 바람에도 불구하고

현실 속 사랑은, '흙이 묻을 수밖에 없다.

아니, 흙이 묻어야만 비로소 사랑이 된다'는

깨달음은 소중합니다.

맹자孟子는 50걸음 도망친 사람이

100걸음 도망친 사람을 손가락질하며

'비겁하다'고 비웃는 세상의 태도를 나무라며,

일단 도망쳤으니,

50걸음이나 100걸음이나

비겁하기는 마찬가지라 했습니다.

그러나 여기에서 맹자가 보지 못한 것은

'우리 모두가 50걸음이든 100걸음이든

오직 도망침으로써만 생존이 가능했다는

'비겁함의 실존적 현실'입니다.

맹자가 생각 못한 것은

사랑이 이루어지려면 땅에 떨어져 흙이 묻어야만 한다는

땅에서 사는 것의 비극적 현실 인식입니다.

칼 포퍼의 철학을 빌려 표현하면,

한 걸음도 도망치지 않은 용감성,
단 하나의 오류도 없는 진실,
반증 불가능한 진리,
흙이 묻지 않은 천상의 아름다움은
우리의 것이 아닙니다.

아무리 아름다워도 그 아름다움은
우리의 것이 아닙니다.

우리의 것은
반증 불가능한 진리가 아닌 반증 가능한 진리
단 하나의 오류도 없는 진실이 아니라
단 하나라도 오류가 있는 진실
흙이 묻지 않은 사랑이 아니라
땅에 떨어져 흙이 묻어 있는 사랑뿐입니다.

용감은
한 걸음도 도망치지 않고 죽는 데 있지 않고
(그것을 우리는 대부분 아름다우나 무모한 용기라고 하지요)
어찌 되었든 살아서,
그러나 조금이라도 덜 도망치는 기개로

알고 보니 나의 욕망은 남의 욕망이었습니다   **121**

버티고 싸우는 것이지요.

그런 의미에서 100걸음 도망친 사람보다는

50걸음 도망친 사람이 '분명'

50걸음만큼 용기 있는 존재인 것이지요.

우리는 바로 그 50걸음의 힘으로

버티고 싸워 살아남은 것이기도 하지요.*

*

도망쳐 살아남은 것이 자랑은 결코 아니지요. 우리들 삶의 실존적 사실은 '살아남은 자의 슬픔'(브레히트)이 '생의 비극적 의미'(우나무노) 속에서 부끄러움으로 온 삶을 물들이고 있는 것을 묵묵히 받아들일 뿐입니다.

깨끗함이 무균 상태를 뜻하지 않는 것처럼,

쌓여 있는 하얀 눈이

꼭 하얀 눈만 쌓여 있는 것은 아니지요.

조금 더 이야기하자면,

행복은 불행이 전혀 없는 상태가 아니라

불행함에도 불구하고 행복한 상태이지요.

우리에게는
'전혀 없는 불행'이 아니라
'조금 적은 불행'을 선택하는 지혜
완전한 행복이 아니라 불완전하지만,
적어도 불행보다는 조금 더 많은 행복이 있는 삶을
믿고 선택하는 지혜가 있습니다.

많은 부분 우리는 부족하고 우매하지만, 우리에겐,
무오류의 진리가 아닌
오류가 있는 진리 가운데 오류가 조금 더 적은 진리를
오류 많은 이웃과 오류 많은 내가
토론하고 합의하여 함께 선택하는 지혜가 있습니다.

우리는 우리의 삶이,
우리가 원하는 만큼, 행복하지 않고
우리가 살고 있는 이 세계가, 우리가 바라는 만큼,
아름답지 않더라도
너무 짜증 내거나 절망하지 않았으면 좋겠습니다.

우리에겐, 너무나 불완전한 우리에겐
다음과 같은 믿음의 선택과 생각이,
아직, 남아 있기 때문입니다.

"행복은 불행이 없는 세계가 아니라
불행이 적은 세계라는 것.
그래도 내 삶은 불행보단 어쩌면 내가 미처 모르는
행복이 엄청 많이 숨어 있는 세계일 거라는 것.

깨끗함은 더러움이 없는 세계가 아니라
더러움이 적은 세계라는 것.
이 더러운 세계도, 어쩌면, 그래도 더러움보다는
깨끗함이 너무 많이 감추어진 세계일 것이라는 것.

선은 악이 없는 세계가 아니라 악이 적은 세계이며
그래도 이 세계는 악보다 분명,
선이 많은 세계일 거라는 것.

또한 우리는,
천상의 존재가 아니라 지상의 존재라는 것.
아무리 지상의 존재라도 우리는
천상의 존재를 꿈꾸는 것을 포기할 순 없다는 것.

꿈꾸는 것을 포기할 수 없다 하더라도, 다시, 우리는
이 지상을 떠나서는 한 발짝도 나갈 수 없다는 것.
이 지상을 떠나서는 단 한순간도 살 수 없다는 것.

그래서 우리의 선조들은
'참된 것은 하늘의 길이지만 참되려 하는 것은
사람의 길이다'라는 믿음을
잃지 않고 이 땅 위에서 살았다는 것.

그렇다는 것."

도덕은
내가 나에게 말할 때는 도덕이 되지만,
내가 남에게 말할 때는 권력이 된다.

'바르게 살자'는 말은
내가 나에게 말할 때는 도덕이 되지만,
내가 남에게 말할 때는 때로 폭력이 된다.

20

///////////////////////

나의 옳음으로 너의 틀림을 고치고 싶다?
쓸데없는 소리 그만하고, 너나 잘하세요!

눈치 채이지 않은, 가장 오래되고 가장 집요한,
어쩌면 가장 저열한 인간의 욕망은,
남을 내 뜻대로 만들고 싶은 마음입니다.
내가 옳다고 믿는 나의 '올바름'으로 남의 '틀림'을
고쳐 놓고 싶은 마음입니다.

아무리 맛있는 음식이라도 함부로 권해서는
안 된다고 하지요.
더욱, 먹으라고 강요해서는 결코 안 되고요.
내 입에는 맛있지만 남의 입에는
맛이 없을 수도 있으니까요
이런 것은 이야기할 필요도 없는 기본적 상식이고
당연한 인간관계의 예의라고들 하지요.
그래요 두말할 필요 없는 '말 그대로의 당연한 예의'

그 자체이지요.

그런데 이처럼, 타인의 입맛에는 그토록
섬세한 차이를 존중하며 배려하는 태도가
놀랍도록 적용되지 않는 부분이 있지요.

바로 타인의 가치관과 인격의 영역입니다.
알면 알수록, 신기하고 기괴하기조차 한 일이지요
입맛 정도와는 비교조차 할 수 없는,
훨씬 복잡하고 깊은 핵심적 권리이며
신성불가침의 영역이기도 한,
타인의 가치관과 인격에 대해서, 우리는 어쩌면
그리도 쉽고 대범하게
간섭하고 관여하는지요.
(특히 가족들이 '사랑이라는 이름'으로,
때로는 지젝이 말한 '아버지의 이름'으로 말이지요.)

나와 같지 않다고 내 뜻과 내 생각과 다른 너는,
너를 당연히 바꾸고 고쳐야 한다고 마구 화를 내며,
야단 난리를 쳐도, 그런 난리 그럴 수도 있다고
인정하는 우리의 문화는
도대체가 어떻게 된 문화인 거죠?

너무 쉽게 남의 인격과 삶에 관여하고
심지어는 '내 스타일대로' 바꾸지 않는다고
화를 내며 육체적 폭력까지 마다않는 데도
수수방관하는 이 놀라운 배려의 문화는 또 뭐지요?

때때로 그것이 사랑이고 관심이라고 말하기까지
하는 데엔 너무 어처구니없어 앞발 뒷발 다 들 수밖에,
어안이 벙벙할 따름이지요.

예전에 프랑수아즈 사강은
"제발 내버려둬 나를. 나는, 내 삶을 망칠 권리도 갖고
있으니까"라며 법정에서 울부짖기까지 했지요.

글로리아 스타이넘은 출산을 위해 모래 위로 올라온
거북이를, 자꾸 바닷속으로 갖다 놓는
'친절한 사람들'에게 '거북이에게 물어는 봤냐?'고
일갈했지요.
제발, 그냥 거북이를 내버려두라고 말이지요.
거북이에겐 거북이의 삶이 있다는 것을
'친절한 사람들'은 왜 용납하질 않는가.
왜, 용납하지 못하는 것을, 오히려,
정당화시키고 있는가 하고 묻는 거지요.

이제는,
이제는, 정말, 더 이상 봐주지 맙시다.

누구든지, 가깝든 멀든,
우리들의 가치관과 인격 그리고 우리의 삶에
함부로 간섭하고 참견하고 관여하는
모든 이들을 향해, 우리 모두, 있는 힘껏 소리 내어
크게 외칩시다.
"너나 잘하세요"
"너나 잘하세요"
라고.

아님, 확실하게 비웃으며
낮고 조용한 목소리로 단호하게 말해줍시다.
"너나 잘하세요"
"입 닥치고, 제발, 너나 잘하세요"
라고.

이 책에 인용된 말과 글을 남긴 사람들에 대하여

© Maurice Utrillo

기형도(奇亨度, 1960~1989) 시인, 신문 기자. 시집으로 『입속의 검은 잎』이 있다.

김기림(金起林, 1908~?) 시인·평론가·영문학자. 주로 미지에 대한 호기심과 이국적 정취에 탐닉하는 글을 썼다. 1945년 가족과 함께 월남해 중앙대학교·연세대학교 강사를 거쳐 서울대학교 조교수, 신문화연구소장 등을 역임했다. 1946년 2월 8일에 열린 제1회 조선문학자대회에서 "조선 시에 관한 보고와 금후의 방향"이라는 연설을 했다. 같은 해 임화·김남천·이태준 등이 중심이 된 조선문학가동맹에 참여하여 시부위원회(詩部委員會) 위원장을 맡았다. 6·25전쟁 때 납북되어 1988년에 죽은 것으로 알려져 있다. 대표작으로 「기상도」, 「바다와 나비」, 「새노래」 등이 있다.

김수영(金洙暎, 1921~1968) 시인. 모더니스트로 출발해 지성과 감성의 조화를 이룬 작품으로 평가를 받았으며, 4·19 혁명 이후 현실 비판 의식과 저항 정신을 바탕으로 한 참여시를 썼다. 작품으로 시집 『달나라의 장난』, 『거대한 뿌리』가 있고, 산문집 『시여 침을 뱉어라』 등이 있다.

김우창(金禹昌, 1937~) 영문학자, 문학평론가. 대한민국예술원 회원이며, 팔봉비평문학상, 대산문학상, 금호학술상, 고려대학술상, 한국백상출판문화상 저작상, 인촌상, 경암

학술상 등을 수상했고 2022년 금관문화훈장을 받았다. 저서로『궁핍한 시대의 시인』,『지상의 척도』,『심미적 이성의 탐구』,『풍경과 마음』,『깊은 마음의 생태학』등이 있고 역서『가을에 부쳐』,『미메시스』(공역) 등과 대담집『세 개의 동그라미』등이 있다.

노자(老子) 중국 춘추시대의 사상가. 성은 이(李). 이름은 이(耳). 도가(道家)의 시조로서, 상식적인 인의와 도덕에 구애되지 않고 만물의 근원인 도를 좇아서 살 것을 역설하고, 무위자연을 존중했다.

니체(Friedrich Wilhelm Nietzsche, 1844~1900) 독일의 철학자이자 시인으로, 실존철학의 선구자다. 그는 서구 기독교 전통을 부수고 그곳에 새로운 가치를 세우려고 혼신의 노력을 기울였다. 저서로『비극의 탄생』,『자라투스트라는 이렇게 말했다』등이 있다.

도킨스(Richard Dawkins, 1941~) 영국의 진화생물학자. 세계에서 가장 영향력 있는 과학 저술가.《프로스펙트》가 전 세계 100여 개국의 독자를 대상으로 실시한 투표에서 '세계 최고의 지성'으로 뽑혔다. 1976년 첫 책『이기적 유전자』로 주목받기 시작했고,『만들어진 신』(2006)으로 과학계와 종교계에 뜨거운 논쟁을 몰고 왔다.

디킨스(Charles Dickens, 1812~1870) 영국의 소설가로 가진 자에 대한 풍자와 인간 생활의 애환을 그려 명성을 얻었다. 그는 19세기 문학의 위대한 힘이자 시대의 양심을 대변하는 영향력 있는 작가였다. 작품으로『크리스마스 캐럴』,『올리버 트위스트』등이 있다.

라캉(Jacques Marie Émile Lacan, 1901~1981) 프랑스의 대표적인 정신분석학자이자 철학자, 정신과 의사. 인간의 언어를 욕망을 통해 분석하는 이론으로 독창적인 정신분석학 체계를 세웠다. 프로이트 사상을 계승하여, 정신분석학을 구조주의 언어학으로 재해석한 라캉은, 인간의 다양한 욕망이나 무의식이 언어를 통해 구조화되어 있다고 주장했다. 대표작으로『에크리』등이 있다.

러셀(Bertrand Russell, 1872~1970) 영국의 수학자, 논리학자, 철학자, 역사가, 사회개혁 운동가, 사회주의자, 평화주의자. 다방면에 걸쳐 수많은 업적을 남긴 대학자일 뿐 아니라, 루트비히 비트겐슈타인 같은 걸출한 제자를 배출한 교육자이기도 했다. 말년까지 지치지 않고 사회운동(반핵, 반전 운동 등)을 계속했던 당대 최고의 명사였다. 1950년 노벨문학상을 수상했다. 미국의 저명한 철학자 시드니 후크는 러셀을 가리켜 "500년 만에 한 번 나올까 말까 한 천재"라고 평했다.

레비나스(Emmanuel Lévinas, 1906~1995) 리투아니아 태생의 프랑스 철학자. 후설과 하이데거의 현상학, 유대교의 전통을 바탕으로 서구 철학의 전통적 존재론을 비판하면서 타자(他者)의 절대성과 초월성을 강조했고, 타자와 관계로서 정의를 주창했다. 그의 사유는 20세기 후반의 데리다, 리쾨르(Ricoeur, P.) 같은 철학자들에게도 큰 영향을 미쳤다. 저서로 『존재에서 존재자로』, 『전체성과 무한』, 『시간과 타자』 등이 있다.

린데블라드(Bjorn Natthiko Lindeblad, 1960~2022) 스웨덴. 다국적 기업에서 근무하며 스물여섯 살에 임원으로 지명되었지만 홀연히 그 자리를 포기하고 사직서를 냈다. 그후 태국 밀림의 숲속 사원에 귀의해 '나티코', 즉 '지혜가 자라는 자'라는 법명을 받고 파란 눈의 스님이 되어 17년간 수행했다. 저서로 『내가 틀릴 수도 있습니다』가 있다.

릴케(Rainer Maria Rilke, 1875~1926) 보헤미아 태생의 독일 시인. 인상주의와 신비주의를 혼합한 근대 언어예술의 거장으로, 인간 존재를 추구하고 종교성이 강한 독자적 경지를 개척했다. 작품으로 시집 『형상 시집』, 『두이노의 비가』, 소설로 『말테의 수기』, 그 외 『로댕론』, 『서간집』 등이 있다.

마르크스(Karl Heinrich Marx, 1818~1883) 독일의 혁명가, 철학자, 경제학자, 역사학자, 정치학자, 언론인. 독일 관념론, 공상적 사회주의 및 고전 경제학을 비판하여 과학적 사회주의를 창시했다. 마르크스는 인류사상 가장 영향력이 큰 인물 중 하나다. 마르크스의 정치사상과 철학사상은 그 이후의 사상사, 경제사, 정치사에 거대한 영향을 남겼으며, 마르크스주의라는 일대 학파를 이루어 그 이름은 보통명사, 형용사화되었다. 그의 경제학 저술은 오늘날 노동 및 노동과 자본의 관계에 대한 이론적 기초를 놓았으며, 수많은 학자, 노동조합, 예술가, 정당이 마르크스의 영향을 받았다. 마르크스의 사상을 각자 재독해, 변형, 변용했다. 일반적으로 마르크스는 근대 사회학의 뼈대를 세운 인물 중 하나로 여겨진다. 저서로『신성가족』,『경제학 비판』,『철학의 빈곤』,『자본론』등이 있다.

베유(Simone Weil, 1909~1943) 프랑스의 철학자. 스페인 내전에 참여했고 2차 세계대전 때는 레지스탕스에 참여했다. 프랑스와 영국의 사회사상에 영향을 미쳤다. 또한 영성가로도 높은 평가를 받는다. 저서로『중력과 은총』,『신을 기다리며』,『압박과 자유』등이 있다.

사강(Francoise Sagan, 1935~2004) 프랑스의 소설가이자 극작가. 열아홉 살에 발표한 장편소설『슬픔이여 안녕』으로 1954년 프랑스 비평가상을 받으며 세상을 깜짝 놀라게 했다. 사강의 문학은 프랑스 연애 심리 소설의 전통을 따르고 있으며, 여성다운 미묘한 심리와 감각적 묘사로 제2차 세계대전 후 젊은 세대의 풍속, 기성 도덕관에 구애받지 않는 남녀관계 등을 주제로 하여 젊은 세대의 정신 상황을 잘 표현하고 있다. 대표작으로 『슬픔이여 안녕』, 『브람스를 좋아하세요』 등이 있다.

사르트르(Jean Paul Sartre, 1905~1980) 《현대》라는 잡지를 이끌면서 문단과 논단에서 활약했으며, 무신론적 실존주의를 제창했다. 문학자의 사회 참여를 주장했다. 작품으로 소설 『구토(嘔吐)』 『자유에의 길』, 철학서 『존재와 무』 등이 있다.

셸리(Percy Bysshe Shelley, 1792~1822) 19세기 영국의 낭만파를 대표하는 시인으로, 이상주의적 인류애를 표현하는 시를 썼다. 대표작으로 극시 「사슬에서 풀린 프로메테우스」, 서정시 「종달새에게」 「구름」 등이 있다.

소크라테스(Socrates, B.C. 470?~B.C. 399) 고대 그리스의 철학자. 문답을 통하여 상대의 무지(無知)를 깨닫게 하고, 시민의 도덕의식을 개혁하는 일에 힘썼다. 신(神)을 모독하고 청년을 타락시켰다는 혐의로 독배(毒杯)를 받고 죽었다. 그의 사상은 제자 플라톤의 『대화편』에서 전해진다.

쇼펜하우어(Arthur Schopenhauer, 1788~1860) 독일의 철학자. 관념론의 입장을 취했고, 염세관을 주장했다. 저서로 『의지와 표상으로서의 세계』 등이 있다.

슈바이처(Albert Schweitzer, 1875~1965) 독일의 신학자, 철학자, 음악가, 의사. 아프리카 가봉에 병원을 세워 원주민의 치료에 헌신했으며, 핵 실험 금지를 주창하는 등 인류의 평화에 공헌했다. 1952년 노벨평화상을 받았다. 저서로 『문화와 윤리』, 『라이마루스에서 브레데까지』 등이 있다.

스타이넘(Gloria Steinem, 1934~) 현대 페미니즘을 대표하는 기수이자, 성별과 인종, 계층을 넘어선 시민운동가이면서 작가, 연사, 언론인, 편집자로 널리 알려졌다. 현대사에 획을 그은 수많은 시민운동·정치운동의 최전선에서 활동한 이 시대 가장 영향력 있는 여성으로 손꼽힌다. 2010년 《타임(Time)》은 '20세기 가장 영향력 있는 여성 25인' 중 한 명으로 글로리아를 선정했다.

신수(神秀, 606?~706년) 중국 당나라의 선승으로, 당나라에서 측천무후를 비롯한 3명의 황제에게 국사로 추앙받았다. 북종선(北宗禪)의 시조다.

안회(顏回, B.C.521~B.C.490) 중국 춘추시대의 유학자. 자는 자연(子淵). 공자의 수제자로 학덕이 뛰어났다.

울프(Virginia Woolf, 1882~1941) 영국의 소설가로, 페미니즘과 모더니즘의 선구자로 꼽힌다. 의식의 흐름 기법을 시도한 작가로 철저한 남성 중심 사회였던 빅토리아 시대에 당당히 문학가로서 명성을 떨쳤다. 대표작으로 『댈러웨이 부인』, 『등대로』 등이 있다.

이어령(李御寧, 1933~2022) 교육자·저술가·평론가. 《한국일보》에 평론 「우상의 파괴」를 발표하며 문단에 나왔다. 다양한 분야에서 창작활동을 벌이며 문학의 사회참여를 주장했다. 88올림픽 개폐회식 기획위원, 초대 문화부장관, 새천년준비위원장, 한중일 비교문화연구소 이사장 등을 역임했다. 2021년 한국문학 발전에 기여한 공로를 인정받아 문화예술 발전 유공자로 선정되어 금관문화훈장을 수훈했다. 대표작으로 『흙 속에 저 바람 속에』, 『풍경 뒤에 있는 것』, 『축소지향의 일본인』, 『디지로그』 등이 있다.

정이천(程伊川, 1033~1107) 정이(程頤). 중국 송나라 도학의 대표적 학자 중 하나. 형 정호와 함께 이정자(二程子)라고 일컬어지며, 성리학의 기초를 닦았다. 한때 이천(伊川) 지방을 다스려 '이천 선생'으로 불렸다.

주자(朱子, 1130~1200) 주희(朱熹). 중국의 송나라의 유학자로 도학(道學)과 이학(理學)을 종합해 이른바 성리학을 집대성했다. '주자(朱子)'라고 높여 이르며, 그가 성리학을 집대성했기에 성리학을 '주자학'이라고도 부른다. 주요 저서로『사서집주(四書集註)』,『근사록』,『자치통감강목』등이 있다.

지젝(Slavoj Žižekm, 1949~) 유고슬라비아 출신의 철학자이자 헤겔, 마르크스, 자크 라캉 정신분석학에 기반한 비판이론가다. 정치이론, 영화이론, 이론정신분석학에 공헌을 해왔다.

칸트(Immanuel Kant, 1724~1804) 독일의 철학자. 경험주의와 합리주의를 통합하는 입장에서 인식의 성립 조건과 한계를 확정하고, 형이상학적 현실을 비판해 비판철학을 확립했다. 저서로『순수이성 비판』,『실천이성 비판』,『판단력 비판』,『영구평화론』등이 있다.

키르케고르(Søren Aabye Kierkegaard, 1813~1855) 덴마크의 철학자. 실존의 문제를 제기하여 실존철학과 변증법 신학에 큰 영향을 끼쳤다. 저서에『이것이냐 저것이냐』,『죽음에 이르는 병』,『불안의 개념』등이 있다.

퇴계(退溪, 1501~1570) 이황(李滉). 조선 전기 성균관대사성, 대제학, 지경연 등을 역임한 문신, 학자. 이황의 학문은 일대를 풍미했을 뿐만 아니라, 한국의 역사를 통해 영남을 배경으로 한 주리적(主理的)인 퇴계학파를 형성해왔다. 저서로 『심경후론』, 『역학계몽전의』, 『성학십도』, 『주자서절요』, 『자성록』 등을 남겼다.

파농(Frantz Fanon, 1925~1961) 프랑스령 마르티니크 태생의 정신분석학자이자 사회철학자. 일부 신경증은 사회적 원인에서 비롯된다는 이론과 식민지 민중의 민족해방을 옹호한 저술 활동으로 유명하다. 대표작으로 『검은 피부, 흰 가면』, 『자기 땅에서 유배당한 사람들』 등이 있다.

포퍼(Karl Raimund Popper, 1902~1992) 오스트리아 태생 영국의 자연과학·사회과학 철학자. 포퍼는 '반증 가능성 기준'을 통해 가설을 연역적으로 검증할 수 있다고 주장했다. 이 방법에 따르면 과학자는 자신이 가정한 규칙에 대해 예외적인 관찰사례를 발견하려고 한다. 저서로 『열린 사회와 그 적들』, 『역사주의의 빈곤』 등이 있다.

푸코(Michel Foucault, 1926~1984) 프랑스의 철학자. 구조주의의 대표적 사상가로, 과학이나 철학과는 다른 '무의식적 문화'의 체계에서 인간 사고의 기저(基底)를 구했다. 저서로

『지식의 고고학』, 『감옥의 탄생』, 『성의 역사』 등이 있다.

프로스트(Robert Lee Frost, 1874~1963) 미국의 시인. 쉬운 문체로 인간과 자연의 냉엄한 대립을 읊어 많은 사람의 사랑을 받았다. 시집으로 『보스턴의 북쪽』, 『증인의 나무』 등이 있다.

플라톤(Platon, B.C.428?~B.C.347?) 고대 그리스의 철학자. 소크라테스의 제자로, 아카데미를 개설하여 생애를 교육에 바쳤다. 대화편(對話篇)을 다수 쓰고, 초월적인 이데아가 '참실재'라는 '이데아론'을 전개했다. 철학자가 통치하는 이상 국가의 사상으로 유명하다. 저서에 『소크라테스의 변명』, 『향연』, 『국가』 등이 있다.

플로티노스(Plotinos, 205?~270) 이집트 태생의 고대 로마 철학자. 신플라톤학파의 대표자로 중세 스콜라 철학과 헤겔 철학에 큰 영향을 끼쳤다. 저서로 『에네아데스 (Enneades)』가 있다.

헤겔(Georg Wilhelm Friedrich Hegel, 1770~1831) 독일의 철학자. 독일 관념론의 완성자로서 자연, 역사, 정신의 모든 세계는 끊임없이 변화하고 발전해가는 과정이며 이들은 정반(正反), 정반합(正反合)을 기본 운동으로 하는 관념의 변증법적 전개 원리로 설명될 수 있다고 주장했다. 이 변증법적 원리는 이후 마르크스주의에 비판적으로 계승되어 19세기 이후의 사상과 학문에 큰 영향을 끼쳤다. 저서로『정신현상학』,『논리학』등이 있다.

헤라클레이토스(Heracleitos, B.C.540?~B.C.480?) 고대 그리스의 철학자. 탈레스의 학설에 반대해 만물의 근원은 영원히 사는 불이며, 모든 것은 영원히 생멸하며 변화하는 것이라고 역설했다. 저서로『정치학』,『만물에 대하여』등이 있다.

혜능(慧能, 638~713) 중국 당나라의 선승으로, 선종에 가장 큰 영향을 미친 인물이다. 선종(禪宗)의 제6조이자 남종선(南宗禪)의 시조다. 스승은 5조 홍인으로, 북종선의 시조인 신수와 같은 스승 아래서 공부했다.

홍인(弘忍, 601~674) 중국 당나라의 선승이며 선종(禪宗)의 제5대조사다. 홍인에게서 신수의 북종선과 혜능의 남종선으로 갈라졌다.

스무 살, 그리고 우리 모두, 나를 위해 미리 읽는 작은 인문학

알고 보니 나의 욕망은 남의 욕망이었습니다

ⓒ 현정욱 2024

초판 1쇄 발행 2024년 4월 15일

지은이   현정욱
편집   김지환
디자인   노승우
펴낸곳   이음출판컨텐츠
출판등록   2024년 1월 16일 제 2024-000009호
주소   경기도 파주시 산내로 62-9
전자우편   info@euumlink.com
인스타그램 www.instagram.com/euum_link
대표 전화   070-8800-3762

ISBN   979-11-987176-0-3 03190

인류가 문자를 사용하기 시작한 후에
참으로 좋은 글은 차고 넘치도록 쓰여지고 쌓여 있지만,
이상하게도 '내게 맞는 좋은 글'은,
아직 없는 것처럼만 느껴집니다.